了不起的青春期女孩

10~18岁女孩要知道的32个成长法则

朱雀为夏 / 著

中国妇女出版社

图书在版编目（CIP）数据

了不起的青春期女孩 ：10～18岁女孩要知道的32个成长法则 / 朱雀为夏著. -- 北京 ：中国妇女出版社，2022.1（2025.1重印）

ISBN 978-7-5127-2048-0

Ⅰ.①了… Ⅱ.①朱… Ⅲ.①女性－青春期－健康教育 Ⅳ.①G479

中国版本图书馆CIP数据核字（2021）第207505号

了不起的青春期女孩——10～18岁女孩要知道的32个成长法则

作　　者：朱雀为夏 著
策划编辑：陈经慧
责任编辑：陈经慧
封面设计：尚世视觉
责任印制：王卫东
出版发行：中国妇女出版社
地　　址：北京市东城区史家胡同甲24号　　邮政编码：100010
电　　话：（010）65133160（发行部）　　65133161（邮购）
网　　址：www.womenbooks.cn
法律顾问：北京市道可特律师事务所
经　　销：各地新华书店
印　　刷：北京通州皇家印刷厂
开　　本：145×210　1/32
印　　张：7.375
字　　数：115千字
版　　次：2022年1月第1版
印　　次：2025年1月第4次
书　　号：ISBN 978-7-5127-2048-0
定　　价：49.80元

登场人物介绍

夏夏

性别：女

职业：萌宠

属性：博学多才，能吃能睡，很傲娇

一只天赋异禀，会说话的猫，为了不被当作异类，一直隐藏着自己的秘密。偶然一次被主人家中的双胞胎姐妹发现后，她的任务除了要隐藏自己会说话的秘密外，又多了一项——帮助这两个小姑娘解决生活中的小烦恼。

唐爱爱

性别：女

职业：学生

属性：对于事情很执着，容易害羞

双胞胎中的姐姐，性格温柔，有一些胆小，在发现家里的猫会说话的时候，吓呆了整整15分钟。学习非常好，经常给妹妹辅导功课。善于倾听，平时妹妹有什么烦恼，总会和她倾诉。

唐豆豆

性别：女

职业：学生

属性：开朗，有主见，外号“小大人”

双胞胎中的妹妹，做事雷厉风行，风风火火，很会组织、安排事情，是家中的“小智囊”。虽然是妹妹，但总能给人很值得信赖的感觉。学习中等，但爱好很多，画画、跳舞都很擅长。

目录

CHAPTER 1
你好呀，青春期

CHAPTER 2
青春期为什么有那么多困惑

CHAPTER 3
爱学习的女生更加光彩照人

CHAPTER 4
不可不知的网络安全守则

CHAPTER 5
最好的朋友在身边

CHAPTER 6
交了男朋友就会幸福吗

CHAPTER 7
两个“星球”的对话

CHAPTER 1

你好呀，青春期

变身吧！少女

豆豆

姐，我最近总感觉自己的身体怪怪的，胸总是会胀胀的、疼疼的。

爱爱

我也是。对了，你的内裤上有没有一些不明物体？

夏夏

是来月经了吗？

豆豆

月经？

夏夏

你们已经进入青春期，马上就要开始变身啦！

• 身高

青春期可是女孩们身高增长的“加速器”！

10.5～12岁这个阶段会是女孩除了婴儿时期外，长得最快的一段时间。

你说你已经13岁、14岁，还是15岁了？会不会不长个儿了？放心，放心，肯定还是会长的，只不过增长的速度较之前慢一些而已。

青春期，你通常都会长27.7厘米～29厘米！不过，在长高的同时，你的体重也会随之增长。

需要提醒一下大家，千万不要因为太担心体重增长问题而过分节食，这会影响你长个子的！减肥什么时候都可以，可一旦错过长个子的黄金期就真的错过了！

• 月经

12岁左右，你可能就会来月经啦！

月经是一种正常的生理现象，是指有规律的、周期性的子宫出血。大家往往会把女孩子第一次来月经（又叫初潮）作为长大成人的象征。毕竟比起长个子，初潮似乎更有标志性。而且，无论男生还是女生都会长个子，但月经只有女孩子才有！不过，无论月经来得早或晚，都不用着急，因为每个人的身体发育都有差异。

• 胸部

这也是女孩变化比较明显的地方！在雌激素的影响下，可能在我们还没有留意到的时候，胸部就长出了一个小小的“山丘”。这个“山丘”大概需要3～4年的时间长成“山峰”。胸部的大小和人的身高一样，也是各有差异。

嗯？你问胸部是大的好看还是小的好看？都好看啦！有些衣服胸部大的女孩穿上会好看，而有些衣服则更适合胸部小的女生穿。总之，找到适合自己类型的衣服就可以。

• 毛毛

进入青春期后，在阴阜（身体前方被内裤遮住的部位）和腋下都会长出一些毛毛。一般情况下，腋毛长出的时间比阴毛晚1～2年。这些毛毛不会像头发一样长得特别长，但会比头发粗一些。当然，刚开始长出来的毛毛会稀疏细软，渐渐才会茂密起来。

你说长毛毛不好看？它们是每个人身体上都会长出来的，也是女孩子成熟的象征！而且它们还会对身体起到保护作用，是身体健康的象征。比如，阴毛可以吸收其生长部位分泌出来的汗液和黏液，而腋毛则有利于汗液蒸发及缓解腋下皮肤的摩擦。

• 其他的地方

你的身体内部也会开始发生变化，比如，身体内部的子宫，它的内壁（子宫壁）为了以后怀孕时宝宝可以安心地住在里面，会长出一层坚实的肌肉；身体的外部，如臀部会变宽，阴唇、阴蒂、阴阜等也会变得丰满一些。

另外，偷偷告诉你们，女孩的变身时间通常要比男孩早2～3年！

爱爱

嗯！我明白了！不过我内裤上那些奇怪的东西不是血，它看起来是白色的黏稠状液体。

夏夏

那应该是白带！恭喜，恭喜，这说明你快要来月经了！白带可能会在初潮前出现，也可能会在初潮后出现。它是由宫颈和阴道脱落的上皮细胞以及分泌物形成的，可以让阴道保持湿润状态，减少阴道壁的摩擦。不过，如果白带呈黄绿色或豆腐渣状，应让妈妈带你去妇科门诊，看是否存在感染。千万不要害羞！这就像感冒发热一样，都是身体生病了，只不过生病的部位不同而已。

爱爱

哦，原来是这样。这几天我一直在担心自己是不是生病了呢。

豆豆

其实我也在内裤上发现了白色的液体，不过，我感觉应该没什么问题，也就没太在意。

夏夏

面对身体变化，心态上放轻松是好事儿，不过也要留心这些变化哟！了解自己的身体，才能更好地照顾自己！

爱爱　豆豆

明白啦！夏夏老师！

痘痘，痘痘，快离开

爱爱

我明天要上台表演，今天脸上却冒出了好几颗痘痘，真的好烦呀！

豆豆

我最近也开始长青春痘了，听妈妈说，她小时候脸上就特别爱长青春痘，我不会也要长一脸的痘痘吧？

夏夏

哈哈，想让青春痘快离开，就要好好学习今天的“夏夏小讲堂”哦！

青春痘不是青春期的专利

青春痘又叫痘痘、痤疮，它是大多数少男少女都要面对的小烦恼。

为什么说青春痘不是青春期的专利呢？因为43%～51%的人在21～29岁还会有青春痘的困扰，20%～35%的人在30～39岁依然会有青春痘的困扰，即便50岁以上的人群中，也有7%～15%的人存在青春痘的问题。

所以，从本质上说，青春痘就是皮肤病，而并非青春期的专利。

• 为什么会长青春痘

我们经常听到有些大人说："你额头长痘因为心火旺。"这种笼统的说法是不科学的。长痘痘的原因非常多，比如，毛囊口的异常角质化、痤疮丙酸杆菌的感染、局部皮肤的炎症异常、局部皮质的分泌物增多、多囊卵巢综合征等。

另外，刚刚进入青春期时，痘痘往往长在额头上，后来会长到脸部双侧的下颌部位，到了成年后，主要就长在脸部双侧的下颌部位了。

• 长了痘痘怎么办

假如只是长了几颗小痘痘，就没必要为它花费太多心思。平时注意清洁皮肤，不要随便用手抠它即可。但如果痘痘长得比较多，或者出现了大量的丘疹、脓疱、囊肿结节等，就一定要去看皮肤科医生。看皮肤科医生！看皮肤科医生！看皮肤科医生！重要的话说三遍！当皮肤出现严重问题时，无论是护肤品还是医美（即医疗美容，指运用药物、手术等医学技术方法对人的容貌和身体形态进行修复与再塑的美容方式）都无法解决。另外，长痘痘就像感冒发热，好了不代表以后就不会再长了，所以不用为痘痘的复发着急，再出现再解决就行了。

需要特别注意的是，如果长痘痘的同时还有发胖、脱发、月经不规律（在月经初潮的时候，不规律属于正常现象）等情况一起出现，最好让妈妈带你去咨询妇科医生，看看有没有其他方面的问题。

• 危险的三角区

相信你一定有过这样的经历：虽然知道挤痘痘不太好，但还是忍不住会去挤，而且挤了之后下次还会继续挤。

我们的脸上有一个危险的三角区，就是以鼻根部为顶、法令纹为边、上唇为底的三角区域。因为这个区域血管比较多，在挤痘痘的时候，很容易让细菌逆行扩散到周围血管，甚至是脑血管。所以，危险三角区的痘痘不能挤。

如果脸上的痘痘比较多，可以去正规的医院进行清理，不要自己用未消毒的器械或手清理痘痘。

• 痘痘护肤小常识

在痘痘比较多的情况下，尽量不要使用粉底液

无论什么粉底液吸附在皮肤上，多多少少都会有致粉刺的作用，因此，如果长了痘痘，尽量能不用粉底液就不用，如果因为一些场合必须使用，回家之后要尽快卸妆哟！

祛痘效果好的产品不代表可以用

有些“三无”产品号称自己是纯天然产品，而且声称使用后有很好的祛痘效果。这些产品不可随便使用，它们很可能添加了很多抗生素、激素、抗真菌药物等，不当使用反倒会引发更大的隐患。

过多清洁反而会使痘痘增多

每天洗脸2～3次就够了，只需在早晚和运动后清

洁皮肤。另外，不需要选择有去角质功能的磨砂洗面奶，尤其是痘痘比较严重的时候，应选择温和、有保湿效果的面部清洁产品。

精简护肤步骤

在长痘痘期间，既不要涂过于厚重的护肤品，也不要涂有太多功效的护肤品，比如美白、祛斑之类的护肤品。这些护肤品最好在皮肤状况比较健康、稳定的情况下使用。当然，也不要听信“什么都不涂就好了”这种话，皮肤过油或过干都不利于皮肤健康。

防晒不一定非要涂防晒霜

防晒是非常重要的。防晒不仅可以解决晒黑的问题，还可以防止紫外线引起的皮肤炎症、加速衰老等问题。但是，在痘痘比较严重时，如果涂过多的防晒霜可能会让痘痘加重。因此，建议痘痘严重时尽量选择打伞、戴遮阳帽、戴墨镜、穿防晒衣等物理防晒手段。如果痘痘不严重的话，可以选择清透的防晒霜。

女生的问题

背上也会长痘痘吗？

背上也会长痘痘。如果背上长痘痘，就更要注意个人卫生了。床单、枕巾之类的床上用品最好每周都换，此外，每天要洗澡、换内衣。如果个人卫生习惯改变后痘痘还没有好转，就要去看医生了，并根据医嘱用药。要记住，平时要少喝奶茶等含糖高的饮料，多喝白开水。经常摄入含糖多的食物不仅会长胖，对皮肤和身体健康也不好。

像猫咪一样毛茸茸

豆豆

姐，你在干吗呀？

爱爱

我最近闻到腋下总是臭臭的，搞得我和别人说话时都不好意思靠近。我在想，拔了腋毛会不会好一些呢？

夏夏

没想到咱们的爱爱大美女也会有这样的烦恼呀！那我可要详细地讲讲你们人类的这些毛毛了！

人类的那些毛毛

毛发的生长和我们身体内的雄激素密切相关。什么？女孩子怎么会有雄激素？可不是只有男孩子才有雄激素，我们女孩子身体里也是有雄激素的！

通常在月经初潮的第二年，腋毛就会出现，这是性成熟的一种表现。如果成年后腋毛还没有长出来，最好去医院咨询一下医生。

其实，在我们东方审美中，腋毛是女性美的一种表现，大部分中国女性的腋毛并不会像欧美人一样浓密，也没有太浓烈的体味，所以东方审美中会视腋毛为女性魅力的象征。

腋毛有一个重要的功能，那就是保护我们的皮肤。比如，当我们跑步或者做其他运动挥动手臂的时候，腋窝处就会产生摩擦，如果没有腋毛在中间缓解摩擦力，摩擦久了就容易让我们腋窝处娇嫩的皮肤受伤。也正是因为腋下的皮肤很娇嫩，剃腋毛、拔腋毛容易导致腋窝处的皮肤发炎。

有些腋窝处容易出汗的女生，认为刮掉腋毛后可能会减少流汗、减轻异味，其实这样做并不会减少汗液的产生。还有很多女孩为了让腋毛长得慢些，选择拔腋毛，这样容易造成感染，进而导致毛囊炎，还可能会引起大汗腺的变异，让本来没有味道的腋窝变“臭”了。所以，尽量不要去刮腋下的毛毛，更不要拔腋毛。

如果刮腋毛，要很小心，一定要在腋下打上充足的泡沫，先用圆头的安全剪刀剪掉腋毛的大部分（直接用剃刀的话，腋毛容易卡住剃刀，一不小心就会让腋窝受伤），再用腋下专用剃刀轻柔地刮掉腋毛。剃刀每次用之前都要检查一下，如果变得不锋利或者生锈了，就一定不能再用了。

至于脱毛膏之类的去毛产品，很难保证里面的成分不会对皮肤产生影响，因此最好不要使用。

另外，不要因为你刮腋毛，去取笑没有刮腋毛的同学或朋友，也不要因为你留腋毛，去指责刮腋毛的同学或朋友，应尊重他人的选择与审美！我们看待腋毛的态度可以尽量放松一点儿，这本就不是什么大事。平时要注意保持腋下清洁，如果腋下有味道的话，出汗之后应及时清洗，或者用纸巾把腋下擦拭干净，保持腋下的清爽。

阴毛指长在人体生殖器上的毛发，女性的阴毛呈倒三角形。一般情况下，在我们来月经前，大约12岁，阴毛就会开始长出来，大约18岁就会变得浓密卷曲。当然，有些人可能到18岁才会长阴毛。阴毛的疏密因人而异，只要第二性征（指男生和女生进入青春期后，除了生殖器官以外，身高、体态、相貌等方面出现的差异）正常，就不必在意。

阴毛尽量不要刮，更不要拔，因为阴部比腋下更容易引起感染和其他问题。你们可以问问你们的妈妈，在生育备皮（就是生孩子时需要刮掉阴部的毛毛）后的感受，她们一定为刚长出的毛毛很瘙痒而不舒服过。

对于喜欢游泳的女孩子，如果担心穿泳衣毛毛会露出来，只需要选择平角裤、裙式的泳衣即可，或者把露出来的那部分毛毛用圆头剪刀修剪一下也可以。

说到头发，大家肯定都希望它很浓密。可是有些女生的头发比较少，而且还爱出油，甚至还有脱发的问题；还有的女生无论选用什么类型的洗发水，头皮屑都非常多。如果存在上述情况，可以去咨询一下皮肤科医生。

爱爱：我以后绝对不再拔毛毛了。不过我发现有的人很讲卫生，但身体依然有很重的味道，那是怎么回事呢？

夏夏：那可能就是狐臭了！

豆豆：狐臭是什么？

夏夏：狐臭也叫腋臭。人的身体有大汗腺，还有小汗腺，小汗腺在脚底和手掌比较多，一般不会产生味道。而腋窝则分布了较多的大汗腺，大汗腺会分泌弱碱性、脂质类等物质，且含有蛋白质成分。当有些人腋下的大汗腺产生的分泌物较多时，经皮肤表面的细菌分解后就会产生臭味。有狐臭的人常常伴有腋部多汗症。一般情况下，狐臭在青春期前就有表现，到了青春期后会加重。如果是轻度的狐臭，只需要做好清洁就可以，如果有比较严重的狐臭，可在成年后去咨询医生，看是否需要做腋臭微创手术。为什么强调要在成年后呢？因为在未成年阶段，我们的大汗腺还在发育，这个阶段手术后复发的概率会比较高。如果在成年之前很介意自己的狐臭，可以用止汗石、止汗喷雾来抑制味道的产生。

爱爱：原来是这样！我知道啦！

别脸红，你一定要懂的性知识

豆豆

姐，今天我们生物老师太莫名其妙了，把男生和女生分开上课，而且也不好好讲课，让我们自己看书，最后随便提了几个问题就下课了。

爱爱

你们今天是不是上了关于男性和女性生理的那节课？

豆豆

对呀，本来挺正常的一节课，结果这么一折腾，顿时感觉班里气氛怪怪的。

爱爱

我记得我们的生物老师虽然没有把男生和女生分开上课，但态度也很回避，很难为情的样子。老师的这种做法让我突然对自己的身体和性这件事情有了羞耻感。

夏夏

你们老师的这种性教育方式该升级了，不然很难给你们树立正确的性观念。而且他们对性采取避讳的态度，很容易让你们形成“性是难以启齿的下流事情”这样错误的观念，并且会更加好奇。如果因为好奇没有从正确的途径了解性这件事，很可能会被误导。

豆豆

可我们还很小，为什么要提前学习性知识呢？

夏夏

因为你们现在生活在一个信息很发达的时代，而且社会环境也很复杂，提前学习正确的性知识是保护自己的有效方法。另外，性知识匮乏、性观念错误还可能会伤害到你们。

爱爱

原来是这样，那夏夏今天你来给我们补习一下这节课吧！

夏夏

没问题！

• 隐私部位的“不特别”与“特别”

性器官的不特别之处在于，无论是女性的阴道、阴唇、阴蒂，抑或是男性的睾丸、阴茎，它们都是人体器官的一部分，和其他器官没有差别。我们在面对自己的身体器官时要一视同仁，要认真地了解和保护它们。

性器官的特别之处在于，这些部位之所以叫私密部位，就意味着我们既不能让别人在未经允许的情况下触碰我们的私密部位，也不能在别人不愿意看的情况下暴露隐私部位，应在现有社会规范下尊重他人的感受。

他人（无论是同性还是异性）的触摸、拥抱、亲吻让我们感觉到不舒适，尤其是触摸了那些泳衣覆盖的部位，我们要懂得拒绝和告知父母、警察。哪怕是我们的亲属（父母也一样），如果是带有色情意味的触摸，或者对我们说一些挑逗的话也是不可以的。

如果有成年人对你说了一些露骨的话，或者引导你看色情影片、想和你发生性关系，这样的成年人很有可能是恋童癖。如果你遇到了这种人，一定要及时告诉父母或者警察。还有一点你要明白，发生这样的事情不是你的错，你不必感到羞耻，对方作为一个成年人，应该有自我约束的能力，无论你同意与否，他的这种行为都触犯了法律，应该受到谴责和法律的制裁。

• 出于好奇心的性体验是危险的

性作为人类的一种原始需求，不仅是因为人类需要繁衍后代，而且是包含着人类作为高等动物对于爱、与他人深入接触、建立关系、自我身体接纳、自我身份认同、自我唯一性的需求。

当人迷失自我，或者与他人的关系出现问题的时候，仅仅寄希望于性来把握住爱与被爱、与他人建立关系，则会如同饮鸩止渴，甚至产生严重后果。培养良好的社交能力，从多方面来创造和实现自我价值，才能正确对待恋爱与生活，才能更理智地对待性行为。

进入青春期的女孩，身体和心理逐渐发育成熟，开始向往与异性交往，会对性行为产生好奇，这些都是正常的。但一定要注意，出于好奇心的性体验是危险的。

• 女孩需要了解的避孕知识

千万不要说还没有成年，干吗要知道这个？这就像我们没有到高考，但需要提前储备知识一样，真到了考前临时抱佛脚就来不及了。

在了解避孕知识之前，先给大家讲讲受孕的过程。它是指男性体内的精子与女性体内的卵子相结合，然后发育成胚胎，并在母亲的子宫里完成生长发育的过程。要想避免受孕，就要阻止卵子和精子结合。

错误的避孕方式

× 排卵日避孕法

你可能听说过，通过算排卵日可以避孕，即除了卵子排出的时期，其他时间不采取避孕措施也不会怀孕。这是非常错误的避孕方式。即便在非排卵日发生性关系，也很有可能怀孕。

× 体外射精法

不是射精的那一刻才会有精子进入女性的身体，在性交的过程中，就会有精子偷偷地和前列腺液一起渗出，偷偷地溜进子宫。所以即便体外射精，怀孕的可能性依然很大。

× 紧急避孕药

有些女孩分不清紧急避孕药和长期避孕药，认为两者差不多。其实这两种药差别很大。紧急避孕药不能长期服用，如果长期服用会对身体造成较大伤害，因为它会产生大量的雌激素和孕激素，让内分泌失调，有可能导致月经不调、长痘痘，严重者还会伤害肝脏，影响长个子等，甚至可能造成不孕不育。所以紧急避孕药不要经常吃，除非是特别紧急的情况，比如遇到了性侵犯、避孕套意外破裂等。紧急避孕药的避孕率为59%～94%。

正确的避孕方式

✓避孕套

避孕套是使用最为广泛的避孕方式，它的使用方法比较简单，也没有其他副作用，还有预防性病的作用。避孕套的避孕率为85%～98%。需要注意的是，使用避孕套之前要检查包装有无破损或者破孔，不要让利物划破避孕套；使用的时候要排空避孕套前面那个小小的储精囊中的空气，避免使用的时候破裂。

✓长期短效避孕药

长期短效避孕药的避孕率为99%，需要在性行为之前，至少连续服用7天，并尽量按照说明按时服用。如果患有心脑血管疾病，应先咨询医生后再服用。长期短效避孕药的弊端是容易忘记服用影响避孕效果，以及无法预防性病。

• 性病是什么

常见的性病包括尖锐湿疣、生殖器疱疹、梅毒、淋病、软下疳、艾滋病、疥疮、阴虱病等。性病轻则痛苦难忍，重则威胁生命。另外，有一些疾病虽然不是性病，但依然会通过性行为传播，比如乙肝、丙肝等。

身体健康才能长久享受愉快的人生。与他人接触密切，高风险的性行为，会更容易传播疾病。

高风险性行为

- 不使用避孕套。
- 在使用避孕套的过程中有脱摘行为。
- 在射精前才佩戴避孕套。
- 频繁更换性伴侣。
- 与陌生人发生性关系。

避孕套虽然有预防怀孕和性病的作用，但目前还没有任何一种方法能完全避免怀孕和感染性病。并且，避孕套只能包裹阴茎，像尖锐湿疣、淋病、阴虱之类的性病就较难预防。

性病的传播途径也不仅仅是性行为，像艾滋病、梅毒、淋病等可能通过血液传播，如输血、针灸出血后未把针消毒干净、公用刮毛刀等；像梅毒、艾滋病等性病，可能通过母婴传播；像阴虱、疥疮、淋病等，可能通过共用浴巾、衣物等传染。因此，如果出去旅游，记得带上自己的洗漱用品，贴身衣物和泳衣都不要外借。

• 自慰是健康的行为吗

自慰是指靠自己的能力来满足自己对性的需求，并从性方面获得慰藉。

有一种观点认为自慰会影响身体健康，而现在医学界与性学界普遍认为适度的自慰并不会影响身体健康。如果你有自慰的行为，也没必要把它当作羞耻或者不健康的行为，因为这样会让内心产生压力和痛苦，反而更容易产生心理问题。

但需要注意的是，过度自慰（在已经很难感受到愉悦感的情况下依然无法停止自慰）则可能是心理问题所致，比如，在生活中遇到了许多焦虑的事情、成绩无法带来成就感、获得愉悦感的方式单一、社交活动缺失等，导致只能把专注点放在自慰上。如果遇到这种情况则需要心理咨询干预。

胸部的小秘密

豆豆

姐，为什么你的文胸没有钢圈呀，我听说穿这种文胸胸部会下垂！

爱爱

妈妈说无钢圈文胸对胸部比较好，而且穿着比较舒服。但我也感觉没有钢圈支撑，胸部会下垂。

夏夏

这次你俩说的都不对。胸部下垂和地球引力有关，和文胸有没有钢圈没有什么关系。

豆豆

那简直太棒了！穿带钢圈的文胸简直太难受了！每次回家脱文胸的一瞬间，感觉自己解脱了。

爱爱

穿着难受会不会是你的文胸大小不合适呀？这一年你胸部长得那么快，可我看你还在穿一年前的文胸呢。

豆豆

它们确实长得有点儿快，以前我跑步感觉自己身轻如燕，可现在总有下坠感，有的时候甚至连后背也不舒服。

那你可以穿运动文胸呀！

爱爱

豆豆

运动文胸是什么呀？

文胸有很多种，我们一起去了解一下吧！

夏夏

一旦进入青春期，你首先注意到的就是自己的胸部开始发育。胸部发育是一个非常缓慢的过程。刚开始你会发现乳头鼓出一个小包，接着乳房会持续发育，表现为乳晕增大、乳房隆起。乳房的平均发育起始年龄为10～17岁。每个女孩的乳房发育都存在差异，乳房的大小也因人而异，不必为自己的乳房大小而苦恼，这都是正常的。当我们的乳房开始发育，就要开始穿文胸了。下面我就来为大家介绍一下如何挑选适合自己的文胸。

文胸有很多类型，就像我们在不同场合要穿不同的衣服一样，文胸也要根据情况更换，这样会让你的身体感觉更舒服。

• 无钢圈文胸

无钢圈文胸就像它名字的意思一样，就是没有钢圈的文胸。一般情况下，无钢圈文胸都是纯棉质地，而且不会有钢圈对胸部挤压的不适感，穿起来非常舒服。而且这种文胸更有利于胸部的生长发育和血液循环。

除了纯棉款的，无钢圈文胸还有蕾丝款和无痕款。蕾丝款的穿起来也算舒适，但对于皮肤比较敏感的女孩子来说，它的蕾丝边可能会让皮肤痒痒的。无痕文胸是一体成型的，因为没有拼接的车缝线，所以穿的时候不用担心小的线头、粗糙的接缝让胸部不舒服。

在夏天如果穿的衣服比较薄透时，可以选择无痕文胸。

运动文胸

顾名思义，运动文胸就是运动的时候穿的文胸。

即便你平时不穿文胸，运动的时候也一定要穿上运动文胸哦。因为跑跳会造成胸部的剧烈抖动，如果没有内衣的保护可能会伤害到胸部的弹性纤维组织。并且，在跑步的时候如果不穿运动文胸，乳头和衣服相互摩擦会让你感到不舒服，像马拉松式的长跑甚至可能会因摩擦时间过久而流血呢。

相比其他的文胸，运动文胸的透气性和支撑性都比较好，既能很好地吸汗，还有减震功能。所以，运动的时候运动文胸是首选！

钢圈式文胸

虽然刚刚说了带钢圈的文胸穿起来不舒服，但还是要介绍一下钢圈式文胸。钢圈式文胸一般是在文胸下方边缘加入钢圈，起到支撑胸部的作用。由于我们的胸部是柔软的，用钢圈勒住自然不好受，这对青春期正在发育的胸部更不友好。而且钢圈式文胸在设计时为了让胸部显得丰满，里面还会放很厚的海绵垫，在夏天穿会让人感觉很闷热。

综合考虑，处在青春期的女孩还是应该选择无钢圈式的文胸。

• 无肩带文胸

无肩带文胸（也叫抹胸式文胸）因为穿起来没有那么舒服，而且要不停地去调整因为身体活动而造成的滑动，所以一般适合在比较特殊的情况下穿，比如，结婚时穿露肩的婚纱，出席活动时穿露肩礼服，夏天穿露肩的裙子，等等。

还有一种没有肩带的文胸，叫作胸贴，用到的场合和抹胸式文胸类似。这种胸贴在靠近胸部的一侧有可清洗的黏剂，可以直接贴在胸上。穿过一次后，用肥皂清洗晒干还可以再穿。胸贴贴在胸上像一块口香糖粘满了整个手掌，会有不透气的感觉。所以皮肤比较敏感的女孩子一定要先测试会不会过敏再穿，不然穿出去后如果感觉胸部不舒服，在公共场合是没办法马上取下来的。

豆豆

哇！咱们现在的内衣居然有这么多选择，简直太幸福了，我要让妈妈给我买件运动文胸！不过我还有个问题，为什么我胸部的血管看起来那么明显，不会是胸部有堵塞吧？

爱爱

啊？这我就不清楚了，还是问夏夏吧！

夏夏

通常情况下，这是正常的生理现象，像皮肤比较白，皮下脂肪比较少，还有像你这样经常锻炼的女生胸部血管都会比较明显。不过运动的时候也要小心，避免太大力度的撞击，如果腺体被破坏，可能会导致胸部发育不良。

豆豆

好的，我知道啦！谢谢夏夏为我答疑解惑！

CHAPTER 2

青春期为什么有那么多困惑

“我是谁”

爱爱

豆豆，你今天竟然穿了蕾丝裙，和你之前的风格完全不同哦！

豆豆

最近挺多人穿这个款式的裙子，尤其是学校里受欢迎的女生，所以我也想试试。我最近一直在思考我该打造什么风格，是甜美风还是简约风呢？姐，你觉得我适合什么风格呀？

爱爱

原来是想给自己立人设呀！

豆豆

以前我从来不会想这个问题，自己就是自己呀。可是现在，尤其是在换班级或者新学期的时候，我就会想，我该表现成什么样子。姐，你说我这样是不是不好？

爱爱

没有什么不好的呀！我也会有这样的想法，也忍不住想要模仿那些受欢迎的女生呢。

夏夏

其实，大部分人都会有你们这样的想法。这也没有什么对错，每一个青春期少年都会像哲学家一样去思考“我是谁”的问题。我们不确定自己到底应该是什么样子，就会难以避免地去模仿一些我们觉得很受欢迎的人的言行举止。别说你们，很多成年人依然在迷茫和探索的过程中呢！

爱爱

就像小说家塑造角色一样，我们也在塑造自己。我们希望自己是这本小说的主角，希望自己有主角光环，有很多比他人优秀的地方。

豆豆

有些懂，但又有些不懂。

夏夏

那我们今天就来讲讲，如何找寻自己吧！

别急，多去感受吧

当你开始探索“我是谁”这个问题时，或许会急于抛弃过去，不想被当作小孩或者异类。那些你喜欢的玩具，你会因为担心别人说你幼稚而假装不喜欢；别人问你喜欢什么歌，你也许不会给出真实的答案，而是说出一类自认为别人觉得有品位的音乐。

如果一直将自己不喜欢的事物假装当作个人爱

好，这样是很难真正了解自己的，也很难获取真正的快乐。所以我们不必因为同学的评价，或者他人的异样眼光而放弃自己真正的喜好。但坚持自己的喜好也不必故步自封，刻意地不去接受新的事物也是不对的。比如，你喜欢说唱音乐，不必不好意思告诉别人，也不必坚持只听说唱音乐，可以去尝试感受和发现其他音乐的动听之处。在这个过程中，不必急着下结论，而是去感受，就像感受这个世界上的其他事物一样。

随着时间的推移，我们的喜好会随着不断接触到的新事物而发生改变。当然，由于我们的生命是有限的，所以无法把世间各种趣事感受一遍。我们可以选择自己感兴趣的事物去体验。这里的体验不是草率地了解，而是真正地投入时间与精力去了解，并且在最初的兴奋感过去后，依然能再次进行深入了解。

不过可能你觉得自己现在没有任何兴趣与爱好，或是随波逐流，假装对某些事物很感兴趣。没关系，可以先从你知道的一些事物入手，不用逼着自己马上喜欢，也不必为了得到他人的赞扬和欣赏而去做自己不想做的事情。至于你尝试的事物是否能成为自己喜欢的，是否能给自己带来成就感，就顺其自然吧！

与成人世界接轨

进入青春期，就进入成人世界的“预备役”了。因此，你在思考自己的人设和喜好的时候，也需要和成人世界接轨。

关于人设的建立，即便“大姐大”“大哥大”“扛把子”之类的人设看起来挺酷，但这样的“社会人”进入成人世界后未必会受欢迎。现代社会的成人世界，认可的是学识与能力。并且，一旦扮演这样的“社会人”，为了这个人设，难免会耍酷做一些错误的事情。或许这样的“社会人”可以暂时让你得到同伴的认可，自己也会暂时获得满足感，但这些都会随着成长变成一场空。因为在这个角色下无法储备足够的学识与能力，并且因为扮演这样的角色而浪费的青春时光再也回不来了，会给你未来的人生带来许多烦恼。

所以，我们在探讨“我是谁”这个问题的时候，尽量给自己制订一个可持续发展的目标，这样会让你拥有更长久的成就感。对于如何发展自己的兴趣爱好，你可以针对自己的爱好设计一个升级游戏，以此来更好地与成人世界接轨。比如，如果你喜欢看悬疑电影，就可以尝试着去写一些悬疑的小故事，说不定以后就会成为一名悬疑小说家；如果你喜欢汽车模型，可以多储备一些汽车相关的知识，说不定未来你会成为一名优秀的汽车设计师；如果你喜欢洋娃娃，可以尝试着给洋娃娃做衣服，说不定未来你就是一名出色的服装设计师；如果你喜欢小动物，可以学习宠物医疗知识，说不定以后你可以成为一名宠物医生……发挥你的想象力，给你的爱好设计一个升级游戏吧！

• 外在与内在

世界万物，有美有丑，有善有恶，所以我们看待事物不能只看外表，不看内在。

外在的东西很容易模仿，比如，你可以通过服饰搭配让自己看起来独立、干练。但你的内在真的很独立吗？或许并没有。要想真正让自己变得独立，是需要通过一些内在的改变才能实现的。

当然，并不是说选择独立、干练的穿衣风格不好，而是更提倡大家去追求内在美。而知识储备、爱好、道德品质（例如同情心与爱心）、待人接物等，就是内在品质的体现。想要寻找“我是谁”的答案，就要从这些内在品质中寻找。

同理，你可以通过修饰外貌、发型等来体现自己的审美与个性，但这只是给你的内在美锦上添花，如果把它作为重点来关注，反而容易迷失自己。

不过，即便现在找不到“我是谁”这个问题的答案也没关系，人本身就是在寻找自我的过程中不断成长的。未来的你，一定比现在的你更加美好。

女生的问题

如果没有成为完美的自己，怎么办？

不完美不代表失败，做人做事，我们只需尽力，而无须完美。再说，无论完美与否，完善自己的过程本身就很有趣。

将来的我会怎样

爱爱：豆豆，你在发什么呆呢？

豆豆：我在想，我的未来会怎么样？姐，你想过你的未来会怎样吗？

爱爱：我当然想过，有的时候我甚至想，如果能给未来的自己打个电话就好了，问问她我未来的职业是什么，有没有遇上一个我爱的人，现在的朋友还都在身边吗？

豆豆：对了，姐，你觉得对于未来，是应该充满想象，还是顺其自然呢？

爱爱：这我也有点儿想不清楚，我们一起去问问夏夏吧！

夏夏：好呀好呀，欢迎进入“夏夏小讲堂”！

未来可期

一个人经常憧憬美好的未来，不仅会让人感觉生活充满力量，也会让这个社会变得越来越好。

假如我们的祖先满足于现状，对当下生活得过且过，那我们永远走不出森林，永远无法直立行走。假如不是对于日行千里的渴望，我们人类又怎么会发明火车、飞机、高铁呢？

我们对于未来的不同想象，引导着我们做出不同的选择。比如，你想成为作家，那么在你读大学的时候或许会选择相关专业，参加文学社，尝试着写小说，这些行为就是在为自己的梦想不断添砖加瓦。或许一两个选择并不会影响你未来的生活，但慢慢地积累，量变终会引起质变。

对于未来，我们有时候的确会很迷茫，对于自己未来想要做的事情和从事的职业并没有明确的想法，那么我们可以先储备能量。

很多时候，我们不一定非要在当下找到自己最喜欢的事情，可以先从自己的爱好或者擅长的事情慢慢入手，把这些事情做得很好，并把处理这些事情的能力和方法迁移到自己的生活与学习中。这样做，不仅可以帮我们将爱好变为专业，还有助于我们在将来把自己真正热爱的事情做得更好。比如，你爱好绘画，也有很专业的绘画能力，但并不想当画家。不过，将来有一天，如果你想成为一名室内设计师，那么此前在学习绘画时掌握的构图能力与色彩搭配能力就能让你的设计师梦想更容易实现！

不空谈的未来

很多大人喜欢深沉地感慨，梦想总是会破碎的。事实上，事情并不是那么悲观。认为梦想易碎的人，主要是他们虽然做了很多梦，但从来没有为梦想努力过。比如，想当画家的人，或许一年都没有画过一幅画；想要事业有成的人，或许大部分时间都在打游戏；想减肥成功的人，或许最大的运动量是在床上刷短视频的时候翻了个身。

梦想“碎片化”的步骤

第一步：准备一个小本子，在第一页写下自己的梦想。比如，成为一名画家。

第二步：写下一年内自己为实现画家这个梦想准备做出的努力。例如，画60幅画，阅读12本艺术鉴赏类书籍。

第三步：写下一个月内自己准备为实现画家这个梦想做出的努力。例如，画5幅画，阅读1本艺术鉴赏类书籍。

第四步：将这些安排做出一个30天计划。比如，某个月的第一天到第五天，完成一幅画作，读完50页书。

第五步：每个月进行一次回顾，看看自己的梦想完成度。如果完成度特别低，那就要分析一下原因，是任务安排得太满，还是自己拖沓了？并根据自己的情况去做一些调整。

如果每一步都完成得不错，可以给自己一些小小的奖励，比如，一块自己爱吃的甜品，特别想买的一条裙子，等等。

如果不想成为这样的人，不如尝试先“碎片化”自己的梦想。

也许你不仅想成为画家，还想成为物理学家、舞蹈家，那也没问题，多准备几个本子就可以，把这些梦想都规划进去吧！

需要注意的是，千万不要安排得太满，如果影响到当下的学业，则不利于梦想的实现。你可以尝试列出优先选项，在你的精力允许的范围内，慢慢去扩充技能点。

未来在自己的手中

人在困惑的时候，常常会觉得前途渺茫，会去询问他人自己的未来会怎样。但我们心里要明白，关于未来会怎样这件事，真正能给出答案的只有自己，因为只有自己才能影响结局。我们才是那个能决定自己未来的关键人士。

当然，在实现梦想的路上，我们不必排斥他人的帮助，但要分得清什么是接受帮助，什么是依赖。还有，千万不要把自己的不如意怪罪在他人头上，整天抱怨家人、朋友没有帮自己，与其这样，还不如努力改变现状。

生活不是考试

考试总会出成绩，而生活没有成绩单。我们无法用某段时间、某一次的成败来评定我们的未来是怎样的，因为哪怕失败了，只要挺住，别认输，别倒下，生活总会有各种转机。

生活是一场耐力战，或许不是每一次为梦想做出的努力都能得到百分百的回报，但如果什么都不做，梦想就不可能实现。反之，如果你努力了，那就会为你的未来增加无限机会。

• 不强求的结局

很多人面对不可预知的未来时总会说：“顺其自然吧！”什么是顺其自然呢？它不是两手一摊的不作为，而是不强求结果的态度。

或许你会疑惑，既然过程是努力的，怎么能顺其自然，不强求结果呢？好像没分个胜负或者没有获得成功就什么都没得到。

其实，只要在追逐梦想的过程中努力了，你就会收获很多。就像你想要成为一名歌手，为了参加某次音乐比赛，每天凌晨5点起来练声，每天练琴，即便最后没有得到名次，但这次比赛依然为你带来很多收获，比如，每天的练习给你带来音乐能力上的提升，比赛为你积累了舞台经验，让你认识了很多喜欢音乐的朋友，等等，这些收获不会因为没有得到名次就消失。

这些在过程中得到的东西，才是最宝贵的。

豆豆

哇！突然想马上买个手账本，迫不及待地想要规划一下今年的学习和生活。

爱爱

豆豆很有行动力呀！至于计划好了之后的行动力如何，我会监督你的！

豆豆

放心，一定不会让姐姐和夏夏失望的！

我想要独立

豆豆

刚才妈妈给我打电话，她又唠叨了半天。我都这么大了，还把我当孩子……

爱爱

感觉在家长眼里，我们永远都是孩子。

豆豆

我都和爸爸妈妈说了好多遍了，别总把我当孩子了，可他们就是理解不了。

爱爱

是呀，我小的时候妈妈也总说我是小大人，现在呢，却总说我太幼稚。我感觉我越来越成熟了，他们也一样把我当小孩子。

夏夏

或许，是他们不舍得你们长大呢！因为你们长大了，就不能一直待在他们身边了。

豆豆

那就没有什么办法让我独立吗？

夏夏

想要独立是非常好的一件事情，因为人只有独立，才能过上自己想要的生活，人如果不能独立，所有的理想都是空谈。想要独立，最重要的是拥有独立的能力。

豆豆

那如何才能拥有独立的能力呢？

夏夏

关于这个问题嘛，那就欢迎进入今天的“夏夏小讲堂吧”！

我们现在所有的努力都是在为独立做准备，无论是学校的学科学习，还是生活中所学习的种种技能，都是我们未来独立的资本。我们需要从心理上和能力上做好准备，然后开启我们的独立生活。

• 心理上做好准备

独立虽然可以给我们带来选择上的自由，但也意味着我们需要开始为自己的选择承担责任。

家长能够理解和预知，我们在开始独立的时候会遇到一些无法处理好的事情，所以如果遇到比较麻烦的事情，在衡量过后发现自己的确处理不了，不妨向家人求助。

独立不代表不需要他人的帮助，即便以后长大成人，在面对棘手的事情时，我们也是可以寻求帮助的。

当然，无论是朋友的帮助、家人的帮助还是爱人的帮助，我们都不能视为理所当然。当别人愿意牺牲自己的时间、精力和金钱来帮助我们的时候，我们要懂得感激对方。

另外，无论是现在还是成年之后，我们都不需要所有人来理解和支持我们的想法，也不需要说服别人理解我们的想法。如果一直想要所有人都理解、支持我们的想法，不仅自己痛苦，也会给别人带来痛苦，因为别人会觉得“为什么非要让我接受你的想法”。

当和家人的想法不太一致时，我们先不用去争论，可以先听听他们的想法，有没有你想不到的，或者你目前无法承担的风险。家人的生活经验或许能帮我们避免一些不必要的伤害。

经过多次讨论后，如果你跟家人的意见仍然不一致，但你已经明确知道这件事可能产生的后果，并且后果在你承受范围之内，我们只需要通过自己的努力，让家人看到我们对这一切已经做好准备就可以了。

• 能力上做好准备

想要独立是非常好的一件事情，因为人只有独立，才能过上自己想要的生活；如果不能独立，所有的理想都是空谈。

别把独立当成空洞的口号。一个人如果只有独立的想法而没有行动，那是无法实现独立的。我们需要一点点地培养独立的能力。当然，能力上的独立也不能一蹴而就。

在锻炼独立能力的时候，你可以将自己的能力展示给父母，这样他们就能对你可以独立这件事多一些信任。

当然，大部分人都不可能像SpaceX创始人马斯克那样，12岁就通过卖自己设计的游戏赚到第一桶金（当然，如果你比他还要厉害，那就太棒了！），但我们可以通过一些小事，逐步取得家长的信任。比如，不需要监督就能主动完成作业；能够将自己的房间整理得井井有条；能够主动帮助家人承担一些家务；能够掌握一些有利于未来工作的技能；能够有规划地安排零花钱；有良好的社交能力，在遇到挫折的时候可以重整旗鼓；能够在家人难过的时候关心他们；等等。

随着年龄的增长，如果家人不断看到你展现出来的独立能力，他们就会越来越信任你，也会越来越放心让你独当一面，去开展自己的生活，做出自己的选择。

生存必备小技能

下面列出30个独立生活技能，你可以测试一下自己掌握了多少。

1.能够熟练地做家常菜。

2.多次去菜市场独自买菜。

3.会骑自行车。

4.会对小伤口进行简单处理。

5.能够熟练地清洗衣服、鞋子（包含内衣和内裤）。

6.能够熟练地叠放、整理衣物。

7.能够熟练地规划房间物品的摆放。

8.能够熟练地打扫、清洁房间。

9.能够较好地处理和他人的矛盾。

10.能够较好地进行团队合作，能参加一些社团或团队合作的运动项目。

11.能够合理地安排自己的生活费用。

12.能够根据自己对消费、投资、梦想等的预算进行储蓄。

13.知道感冒、拉肚子等应该服用的药物。

14.能够比较营养均衡地安排自己的饮食。

15.学会开车。

16.懂得检测和修理汽车的一些小问题。

17.学会更换水龙头、灯泡、淋浴喷头等常用家庭用品。

18.能够熟练地整理行李箱。

19.能够熟练地购买火车票、汽车票、飞机票。

20.能够合理地安排出行的行程，如在哪里住宿，如何换乘交通工具等。

21.能够自主安排学习、工作与娱乐的时间。

22.能够熟练地更换床上用品。

23.知道自己的血型。

24.能够有计划地去超市购买生活用品。

25.懂得电脑的简单组装，并会简单的维修方法。

26.懂得如何在网上找到可协助你解决生活问题的安全途径。

27.懂得如何制作简历。

28.懂得如何在网上投递简历。

29.至少利用寒暑假工作一次（不低于30天），增加社会阅历与工作经历。

30.如果有养宠物的打算，能够预测自己是否有承担费用的能力，以及是否会对它的一生负责。

豆豆：我先把我的衣柜整理了，不过，妈妈在外地，看不到怎么办？

爱爱：你可以拍照，用微信发给她嘛！

豆豆：这样做会不会太刻意了？

爱爱：不会的，你这样做妈妈只会为你的成长和改变感到欣慰。

豆豆：有道理！对了，姐，以后你不用提醒我做作业了，我自己可以的。

爱爱：好呀，我期待你的华丽转变！

我的独立思考

豆豆：夏夏，你说为什么一定要有考试呢？如果没有考试该多好，上学就会变得很轻松，肯定很多人都会喜欢上学！

夏夏：哈哈，你觉得为什么要考试呢？

豆豆：嗯……是为了检验我们的学习效果？

夏夏：那为什么要检验你们的学习效果呢？

豆豆：可能是因为要选出一批学习好的学生读大学？

夏夏：那为什么要选出一批学习好的学生读大学呢？

豆豆

要培养出一批优秀的人来建设我们的国家。哈哈，我知道你要问什么，为什么要让优秀的人来建设我们的国家呢？我觉得国家的发展离不开优秀人才，只有我们国家得到了发展，我们的生活才会更加幸福！

夏夏

哈哈！不错，不错！那爱爱你觉得呢？

爱爱

我觉得考试不只是为了让一部分优秀的人进入大学，它还能帮助我们了解我们未来适合做什么，也能帮我们查漏补缺。这样我们在未来进入社会后，就能更好地适应社会生活。

夏夏

你们说的都很有道理！除了你们说的这些，我还有很多内容要和你们分享。

• 什么是科学思维

科学思维，也叫科学逻辑，是人对自然界中客观事物的一种认识行为和认知方式，也是激发我们追求科学知识的一种认知动机。

建立科学思维能帮助我们在探究问题时，不人云亦云，不盲目跟从，而是讲究逻辑，追求理论与证据的统一。比如，通过星座来判断人的性格、恋爱、一周运势等，就是很不科学的一件事。如果没有科学思维，就会轻易地相信这些事情。而有科学思维的人通常不会因为这些关于星座的观点而暗示自己是什么样的人，会发生什么样的事。

许多心理学实验的结果能够轻易地推翻星座得出的结论，比如心理学中的巴纳姆效应，即当人们用一些普通、含糊不清、广泛的形容词来描述一个人的特点的时候，人们往往很容易就接受这些描述，并认为描述中所说的就是自己。再看看下面这段描述：

你祈求受到他人喜爱却对自己吹毛求疵。虽然人格有些缺陷，但大体而言你都有办法弥补。你拥有可观的未开发潜能，你的长处尚未发挥。看似强硬、严格自律的外在掩盖着不安与忧虑的内心。许多时候，你严重地质疑自己是否做了对的事情或正确的决定。你喜欢一定程度的变动并在受限时感到不满。你为自己是独立思想者而自豪，并且不会接受没有充分证据的言论。但你认为对他人过度坦率是不明智的。有些时候你外向、亲和、充满社会性，有些时候你却内向、谨慎而沉默。你的一些抱负是不切实际的。

是不是觉得这段话很符合对于你的描述呢?

上面这段话来自心理学家福勒的一项人格测试。他从星座与人格关系的描述中搜集出这些测试内容，并让学生对测试结果与本身特质的契合度评分，最低是0分，最高是5分。结果所有学生得到的“个人分析”都是相同的，平均分为4.26。也就是说，每个人都很容易相信一个笼统的、一般性的人格描述特别适合自己。

福勒教授通过实验来检验自己的猜想，用理性、求真的态度，通过实验、观察、逻辑、归纳、演绎、社会调查、统计分析、评估和判断等来探索真相，这个过程其实就是科学思维的运用。

• 严谨的自然科学

生活中的一些现象，如飞机会飞、树叶会变黄、天上有太阳，是物质层面的自然科学研究的问题。这类问题的答案比较单一，即便有些还是未解之谜，将来得到的结论也会比较明确。比如恐龙是如何消失的，现在提出的假说很多，将来有一天我们可能会发现某种假说是对的，或者有另外一个答案，但产生结果的每个因素都会清晰明了，结论明确。

这样的问题或许相对容易定义对错，起码在我们目前的认知层面有较为统一的答案。那些经过科学的验证，证明是正确的答案，会进入我们的知识传承领域，但并不意味着答案永远正确，毕竟科学一直在进步，哪怕再严谨的自然科学也会不断给我们带来观念的更新与惊喜。所以，时刻保持批判性思维，保持想象力，才更有利于我们去探知这个世界。

• 复杂的社会科学

为什么会出现文字？为什么会出现婚姻？为什么要进行考试？诸如此类的问题是意识层面的社会科学研究的问题，它们往往不是一因一果，关于产生结果的因素也非常复杂，看起来并不清晰。

回答这样的问题，常常多种看法都是符合逻辑的。就像豆豆和爱爱对关于“为什么会有考试”这个问题的思考，都符合逻辑，都可能是考试的原因，但也有可能都不是。不同的时代、不同的地区，可能对于这个问题的答案不同（就像不同的人对于同一幅画的评价是不同的），我们可以通过科学的方式去寻找答案，但不必执着于自己得出的结论就是真理。

当我们讨论一些受意识层面影响的问题时，我们需要用更开放的态度去思考问题。对于社会科学问题的实验，既不要迷信数据，也不要迷信权威，要在前人智慧的基础上独立思考，从多个角度去看问题才能看到更多的变量。

另外，无论是社会科学所要探究的问题还是自然科学所要探究的问题，只要涉及人类，都有可能既包含物质层面的问题，又包含意识层面的问题。比如，智商的高低，既会有先天不足（物质层面）的原因，也会有后天的学习、阅历、自我暗示、情绪（意识层面）等方面的原因。我们在寻求前者的答案时相对没那么复杂，而在寻求后者的答案时会有很多不确定性，想要完全精确地找到答案，需要付出更多的努力去探索。

• 什么是惯性思维

惯性思维也被称为“思维定式”，是由先前的活动造成的一种对活动的特殊心理准备状态或活动的倾向。

一方面，惯性思维可以帮助我们更快速地解决问题；另一方面，惯性思维不利于创新。

就像《曹冲称象》的故事中，那些大人陷入了惯性思维，认为想称一样物体，就必须把物体放在秤上，但大象那么大，无法放在秤上，他们就不知道该怎么办了。只有曹冲跳出了惯性思维，先把大象牵到船上，在吃水线处画上记号，然后叫人挑石装船与记号一样齐，再称石块的重量……

想要独立思考，具有批判性思维，不被惯性思维所局限也是非常重要的。

• 什么是批判性思维

批判性思维，指对于世界万物充满好奇，从而产生的独立思考。因为我们对于这个世界的好奇，让我们不再只是被动地接收信息，而是在接收信息的过程中认真地思考。比如，牛顿被苹果砸到头的时候，如果没有对苹果落地这种自然现象产生好奇，去思考为什么苹果会掉在地上，只是觉得“苹果不就是该掉在地上吗”，那么他可能就无法提出“万有引力定律”了。

所以，想要独立思考，具有批判性思维，不是脱离前人智慧，也不是不经考证就一味拒绝接纳他人的想法，或者武断地否定他人的想法，而是需要开放性地接纳他人的智慧，在拥有更多已知知识的前提下，通过多方面思考并寻找支持自己理论的证据，为自己的论点提供论据。

这种思维方式还会让我们发现，从多个角度思考问题会让我们得到一个更完整的答案。

另外，批判性思维还可以运用到我们的生活当中。比如，你某天突然痴迷于玩电脑游戏，这时你或许只是单纯地觉得游戏好玩，但如果站在理性的角度思考这个问题，是否还有其他原因呢？

豆豆：原来很多事不是只有一个正确答案呀！

夏夏：是呀，太多“正确”答案都是相对的，而且也往往不只一个。

豆豆：那我以后要多角度地思考问题了！

理性和感性

豆豆：姐，我们班有个男同学说，男生是理性的，女生是感性的，所以男生理解不了女生的想法。

爱爱：他的这个说法就很不理性呀！

豆豆：为什么啊？

爱爱：你知道理性和感性是什么意思吗？

豆豆：理性就是一个人能够很有逻辑地思考问题、分析问题、解决问题。感性是说一个人情感丰富，能够很好地移情通感，对于有些问题喜欢跟着感觉走，而不是全然地趋利避害。

爱爱：对的。那你先来分析一下那位男同学说的话有逻辑吗？

豆豆

我想到了一个很不符合逻辑的地方。人与其他动物的不同之处在于人的大脑更复杂，所以我们有着更为丰富、细腻的情绪。那既然人类都具备这个特质，也就是说无论男生还是女生，都具备感性的一面。

爱爱

对的。其实每个人的情绪背后都是有逻辑的，就像我们有时候说不上来为什么不喜欢哪句话，或许从意识层面我们还没有意识到是为什么，但我们的潜意识层面已经整合了许多信息，只不过这些逻辑或许需要自己或他人仔细观察才能发现。就像那个男生说他不知道女孩子的想法，也有可能是因为他没办法感知到他人情绪背后的逻辑。

豆豆

明白了！我还有个疑惑的地方，人既然有理性的一面，又有感性的一面，那什么时候该理性，什么时候该感性呢?

爱爱

关于这个问题，我们交给夏夏吧！

夏夏

我来啦！让我们一起进入“夏夏小讲堂”吧！

适合理性的时刻

理性更注重逻辑与冷静（尽量不让情绪干扰我们的思考），那么需要逻辑与冷静的时刻就是我们需要理性的时刻，比如，听课、阅读、考试、写论文、辩论，以及与他人出现矛盾，内心出现很强烈的负面情绪，等等。

或许你会说，在辩论赛时很多参赛选手情绪激昂，非常能够带动他人的情绪呀，怎么会说辩论需要冷静呢？

其实，冷静不代表要面无表情，冷静只需要驾驭好自己的情绪，不要被情绪影响就可以了。就像那些辩论选手，情绪上的兴奋会让他们的大脑更加活跃，不会被负面情绪所禁锢。所以他们是既情绪激昂，又沉着冷静。

同理，我们在学习和生活中不需要用严肃的表情让自己看似冷静，我们可以很亲切，可以很悲伤，可以很欢乐……只要不影响做事的效果即可。

适合感性的时刻

感性更注重对外界事物的感知与感受。

那么，我们来想一想，什么样的事情需要我们把重点放在感知、感受上呢？比如，听音乐会、看画展、看小说、看电影、陪伴伤心的朋友、品尝美食、欣赏风景、和宠物玩耍、和亲近的人共度休闲时光……这些事，我们可以让自己沉浸在情绪里，或许你的情绪、直观感受可以给你带来不一样的人生感悟。

也许你会说，很多影评人、乐评人，分析作品时头头是道，十分理性。

其实，在欣赏作品时，尤其是我们第一次欣赏的时候，确实需要感性一些，而这些评论人不一样，他们是在分析和研究音乐、电影、绘画、建筑等作品，自然需要理性一些。

另外，无论是乐评人、影评人，还是其他与艺术相关的评论人，如果不去感知、感受，一上来就想着怎么分析，是很容易一叶障目的。

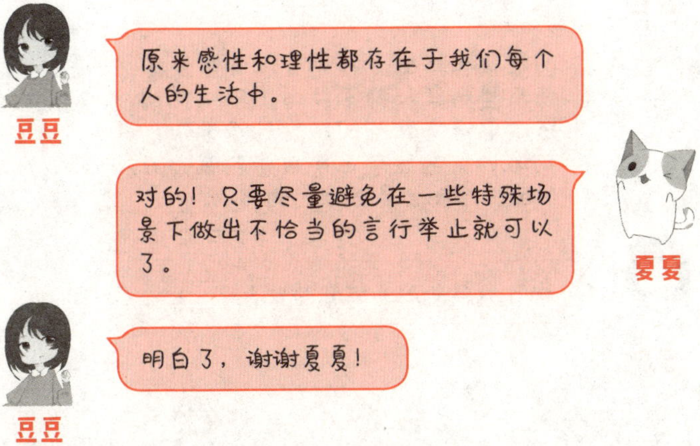

不完美的世界

豆豆

爱爱，你说现在的环境这么恶劣，大人们怎么一点儿都意识不到呢？他们还不停地制造那么多有污染的东西！还有，我都和妈妈说了多少遍不要用塑料袋了，她就是不听！

爱爱

那你说如果不用塑料袋，咱们家里的垃圾桶用什么套呢？

豆豆

这个我也不知道……但总是有办法克服的。

夏夏

问题就在这里，我们身边有很多像使用塑料袋一样不能马上解决的问题，要解决这些问题往往很复杂。就像如果突然禁止使用塑料袋，我们的生活就会受到很大的影响。

豆豆

为什么解决起来这么难呢？

夏夏

这就是不完美的世界呀，很多事情不是黑白分明的，而是两难问题。所谓两难问题，是指这个问题的两个选择都是有利有弊的。就像豆豆刚才说的塑料袋的使用问题，如果塑料袋除了污染环境，什么用处都没有，那它就不会被发明出来，正因为它给我们的生活带来了很大的便利，才会被我们广泛使用。如果想解决它带来的污染问题，不是简单地禁用，而是在逐步降低污染的前提下，寻找新的环保替代品。

豆豆

嗯，我好像明白了一些。

夏夏

再举个例子。心理学家劳伦斯·科尔伯格提出过“道德两难法”。它讲述了这样一个故事：汉斯的妻子得了重病，再不吃药就会死掉，可是药太贵了，他没办法一下子拿出那么多钱。在药剂师不同意便宜，也不同意赊账后，他选择了偷药。你怎么看待这件事情呢？

豆豆

偷东西是不对的呀，虽然他很可怜，但他也不是好人。

夏夏

那如果你遇上了这样的抉择，你会怎样做呢？

豆豆

我不知道……

夏夏

爱爱，你怎么看待这件事？

爱爱

我觉得，好人不是绝对不能犯错，而是尽量约束自己不做坏事，在能做好事的时候，尽量让自己多做好事。像他这种情况，他知道有药可以救妻子，却没有去救，可能更是一件让他良心痛苦的事情。

豆豆

嗯……姐姐说的好像也有道理。

夏夏

就像你和姐姐的答案，也没有谁对谁错。生活中很多问题也是一样的，评判道德的标准不需要跟风，而是要有自己的思考，多方面地去考虑问题，尤其要避免盲目地指责那些陷入两难的人。

豆豆

太复杂了，我都不知道怎么去判断了。

夏夏

不着急，只要我们善良、真诚、正义，很多问题我们都会慢慢找到自己心中的答案。

豆豆

如果我很善良，别人欺负我怎么办？比如，我听说很多被校园霸凌的人都是太好欺负了。

夏夏

善良和好欺负是两个不同的概念，“善良”其实暗含着你作为“强者”在帮扶“弱者”。既然是作为“强者”在帮扶他人，又怎么可能会被欺负呢？而“好欺负”则是你作为弱者被他人践踏尊严、生命、财产等。两者的区别在于你对某件事情具不具备说“不”的权利。

豆豆

我明白了。不过我还是不能相信这个世界上没有百分之百的好人。

夏夏

“人非圣贤，孰能无过”，如果从来不做错事，那他就是超越人性的“神”了。所以我们不能过于简单地把没有达到“神”这样标准的人都判定是坏人，尤其是在私德方面，我们不能要求所有人都符合我们的道德标准。

豆豆

私德？这是什么意思呀？

夏夏

这个我来详细地讲讲吧！

关于私德

私德往往指一个人在私人生活上所表现的道德品质，如婚姻问题、爱情问题、家庭问题、个人修养等。以婚姻问题为例，从传统意义上来说，“一生一世一双人”是我们对于婚姻美好的期望，但有的人因为各种各样的原因离了很多次婚。这个时候我们不能因此就判断这个人是坏人，因为这是他私人的事情。

除非他结婚就是为了骗钱，或者他有家庭暴力行为，那这样的行为就是违法的，也就是触犯公德的。再比如，抽烟是危害健康的私人行为，但对方是成年人，并且没有在不宜抽烟的场合抽烟，那这就是他个人的私德问题，我们不适合去干涉；但如果他在禁止抽烟的公共场所抽烟，如母婴室、高铁上、飞机上等，那他的行为就是违反公德了。

不过不要求完美，不代表对自己的私德没有要求。对于私德，我们应时常进行自我监督和自我反思，在力所能及的范围内不断追求更美好的自己。

• 关于公德

讲完私德，接下来我们讲讲什么是公德。

公德就是公共道德，往往是要求一个人遵纪守法、爱护公物、文明礼貌、乐于助人（对方受到尊严的践踏与生命的威胁时，我们尽量在不受到伤害的情况下提供帮助，如果是危险的状况，可以通过告诉成年人或者报警等方式来提供帮助）等。

对于公德问题，我们需要更为严格地要求自我，并有责任去监督和督促他人。比如，法律要求我们不能酒后驾驶，那么不仅我们要要求自己不酒驾，当朋友、家人酒驾的时候，也要去尽力地劝阻他们。

豆豆

我有些明白了，不过有些问题可能我还要再消化消化。

夏夏

不急着马上有答案，寻找答案的过程也是成长。对了，聊了半天，回到咱们开始提到的环境保护问题上，豆豆，你想好要怎么保护环境了吗?

豆豆

我准备先从身边的小事做起，要求自己做到随手关灯、不乱扔垃圾、节约水资源。未来呢，我想通过努力学习物理和化学知识，研究出污染少还安全的新能源，还有容易降解的塑料袋。

夏夏

哇！那我要向你学习，我会告诉我的猫猫朋友们，要节约用水，洗澡尽量少扑腾！

CHAPTER 3

爱学习的女生更加光彩照人

成绩≠知识

豆豆

姐，我听班里同学说，学不学习没什么用，很多人成绩不好，毕业工作之后却十分厉害呢！

爱爱

的确，有的人上学时成绩不好，但毕业之后事业发展得不错。但我还是希望自己能够成绩优异，这样读大学后在选择专业的时候就能更加随心所愿啦。毕竟是四年的大学生活，我更想进入自己喜欢的学校，去学习自己喜欢的专业。

夏夏

其实，你们刚刚聊到的那些读书时成绩并不是很好，毕业后却把事业做得不错的人，他们并不是没有学习知识，甚至比很多人知识都要丰富呢。因为成绩只是对一个人在某个阶段对于所学知识的考核结果。有很多取得卓越成就的人上学时成绩并不优秀，但他们是通过不断积累，储备了大量知识，才取得了令人羡慕的成就。

爱爱

是的，你同学说的那些成功人士，即便小的时候成绩不好，也不代表他们没有学习，或许上学时他们没有努力，但毕业后却付出了更多的努力，或者是他们储备了很多课本之外的知识，而这些知识十分有利于他们之后的事业发展。毕竟，没有人可以随随便便成功，成功都是通过努力得来的。

豆豆

我知道了。应该还有一种情况，就是或许这个人智商并不超群，在学校里表现并不突出，但他却很有韧性，即便毕业了也依然坚持不断地提升自己，慢慢地，他的知识储备就超越了原来比他成绩好的人了，就像龟兔赛跑一样。

夏夏

豆豆说得很对。无论什么时候，知识的积累都很重要。但需要提醒你们的是，一个知识丰富的人，并不代表他的成绩就不优秀，这两者并不冲突。很多成功人士上学时成绩优秀，知识储备也很丰富！也就是说，在学习课本知识的同时，我们也可以去储备课外知识，让自己变得更优秀。

豆豆

那我该如何提高自己的成绩呢？我也想和姐姐一样，既学识渊博，又可以通过好成绩自由选择自己想去的大学，做自己想做的工作。

夏夏

这个问题就交给爱爱来为你解答吧！

爱爱

好，那我就来讲一些小技巧吧！

潜力是可以创造的

很多人会说自己擅长什么，不擅长什么，其实，只要你付出努力，通过有效的学习，都能把很多不擅长的事情做到擅长。

所以，提高学习成绩的前提，就是不要给自己的思想设限，不要反复暗示自己“我不适合学英语”“我不适合学数学”“女孩子不擅长学理科”

等，而应告诉自己“从现在开始，我只要好好背单词、学语法（暗示自己的时候要加上你要为之付出的努力），我就一定可以学好英语”“从现在开始，只要我上课认真听讲，下课多做练习，我就一定能学好数学”。

另外，这些自我暗示要用现在时，千万不要说“明天我一定要好好背单词”。

• 精简桌面

精简桌面就是在精简大脑的负担，我们在学习的时候，要让大脑尽量少接收非学习内容的信号。

无论是上自习还是上课的时候，桌面上只放目前学习的相关材料，其他书籍资料尽量放在视野之外，尤其是不要在桌面上放小玩偶、钥匙链、稀奇古怪的文具、手机等，这些都会让你在不经意间分心，或许你只是盯着它看了2秒钟，但再进入学习状态可能需要5分钟。

• 教科书提炼法

历史、政治、地理、生物等学科，需要我们对知识的记忆非常精准，不仅仅是理解就够了。

这些学科需要背诵大量知识点，在学习过程中，我们可以把教科书提炼成一个个有联系的知识点，并且把它们单独摘录出来，与那些用来帮助理解的内容区分开。这样在背诵知识点的时候，就不会浪费时间和精力在书中寻找那些画重点的地方（知识点）了。如果没有画重点，每次背诵都会花费不少时间去重复阅读非重点内容，导致学习的针对性不强，浪费时间。

这里教给大家一个提炼重点的秘诀。

- 遗忘
  - 遗忘与遗忘的进程
    - 遗忘的定义：对于记忆的内容不能够再认或提取有困难。
      - 不完全遗忘：能再认不能回忆。
      - 完全遗忘：不能再认也不能回忆。
    - 遗忘的进程：遗忘在学习一结束就开始了，最初进展很快，以后逐渐缓慢。
  - 影响遗忘的因素
    - 识记材料的性质与数量
      - 性质：越有意义，记忆越深。
      - 数量：内容越多，需要记忆的次数越多。
    - 学习的程度
      - 低度学习：对于材料的识记没有一次达到无误背诵。
      - 过度学习：在能够背诵之后再继续学习一段时间，可以使记忆效果更好。
    - 学习者的态度与内容的意义和作用——最先遗忘的是学习者不感兴趣、不符合学习者个人在学习或工作中需要的内容。
  - 记忆策略
    - 结果反馈——检查自己的学习效果，确定自己是否能够正确回答问题。例如，背诵或做题。
    - 背诵——把自己学过的内容大声地说出来。
    - 重复——出声地重复和在心里默诵。并在阅读的时候多问自己几个为什么，把学习的内容和客观的事实联系在一起。
    - 选择——把学习材料的每个段落都提炼成一句话、一两个术语。
    - 组织——把需要记忆的内容进行概括和分类。
    - 整体学习和部分学习相结合——篇幅短的整体学习效果好，篇幅长的部分学习效果好。
    - 系列位置效应——中间部分容易遗忘，对于学习内容的中间部分多增加记忆次数。此外，还可以把要背的词表分成几个较短的词表，缩短中间部分的学习内容。
    - 记忆线索——在学习新的概念、术语、名称时，把它们放在多个句子里去记忆。
    - 过度学习——同遗忘因素中的过度学习。
    - 间隔学习——学习一段时间后，休息一下，再接着学习，可以使注意力更集中，精力更充沛。
    - 保证睡眠——安排好休息与自由活动的时间，让大脑得到充分的休息。另外，在学习过后如果能够睡一觉，记忆会少受干扰。例如，躺在床上准备睡觉的时候，在脑海里过一遍今天学过的内容。
    - 复习——在间隔学习和过度学习的基础上，考试之前的复习会使记忆效果更好。

资料来源：陈中永，《现代心理学》，中央民族大学出版社，2011年。

每个人在提炼教科书知识点的时候可以根据自己的实际情况来决定是否需要补充。

另外，自己总结知识点的过程，也是加深自己对知识的理解和对内容进行整体把控的过程。这跟辅导资料上提供的总结是完全不同的。辅导资料往往是将知识点的讲解、总结、练习组合在一起，查找起来并不方便。

如果在背诵时对于某些知识点理解得不够深，或者无法用自己的语言去扩展描述，不妨打开课本复习相关内容，或者请教老师和其他同学。

• 简化错题集

建立错题集不需要每次都把整道题完完整整地抄上去，毕竟如果题目比较长或者错得比较多，把所有错的题都抄上去需要花费太多精力，很容易坚持不下去。我们只需把题中自己不会的知识点，或者没有记全的知识点记录在错题集上就可以了。

通常有些题考核的是多个知识点（这类题型在物理、化学、数学、英语等科目中比较常见），做这类题时，如果你不知道如何综合运用多个知识点，或者反应起来比较慢，就会影响考试成绩。

有时，虽然你能确定题中所考查的知识点，但就是解不出来题。在这种情况下，你可以先把解题思路简略地写在草稿纸上，然后将自己的答案与正确的解题步骤进行对比，看看自己到底是哪里没有想到，思路在哪里出了问题等，最后把这道题抄在纸上（同时写上学习资料中答案所在的页码）放进一个盒子里，这个盒子就是你的错题盒，每周复习一次，把能够正确做对的题拿出来，把还不会做的题记录在错题集上，反复练习。

• 学不如教

如果只是被动地接纳知识，那就很容易忘记。如果在学习后，不断复习巩固就会记得非常牢固。

另外，我们不妨尝试去当一名小老师，比如，在网络上开通一个讲课频道（语音或视频都可以），用我们提炼好的“教科书”作为提纲去讲课。平时你也可以多给身边的同学讲题，这样可以让我们加深对知识的理解与记忆。

• 利用网络的便捷性

网络可以让我们接触到大量优秀的老师。如果在上课的时候没有听懂某个知识点，你可以在网上找一找其他老师对这个知识点的讲解课程。

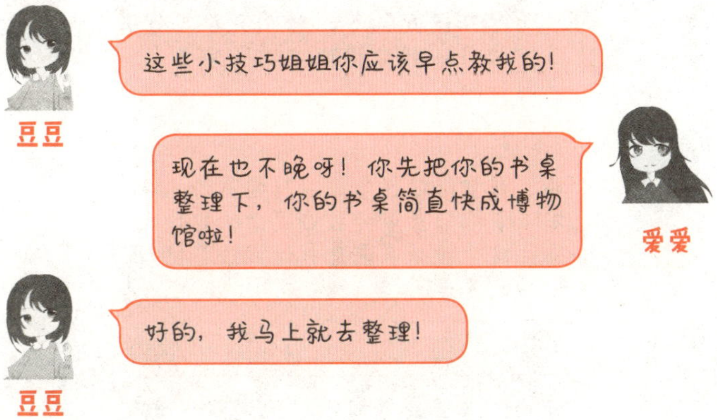

失败算什么

豆豆

姐，你今天怎么看起来情绪有点低落，你没事吧？

爱爱

我这次演讲比赛发挥得好差，连前三名都没进。以前我演讲比赛从来没紧张过，不知道这次怎么回事，一上台脑子就乱了。我明天都不想去学校了，我觉得班里的同学肯定会笑话我。

豆豆

姐，我觉得你想多了，其实其他人根本没有你想象中那么在意你的这次比赛。这个就是以前夏夏和我说过的什么效应来着？

夏夏

你说的是焦点效应吧？就是说人类往往会把自己当作一切的中心，所以会过高地估计他人对自己外表或行为的关注程度。

爱爱

那就是说即便当众出丑了其实也不是什么大不了的事情？

夏夏

不仅不是，并且像你这样学习又好，还德智体美劳全面发展的完美女孩，偶尔犯些错误还会为你的魅力加分呢！

爱爱

啊？这怎么可能？

夏夏

这就是心理学中的出丑效应，指的是一个完美得无懈可击的人，不如一个很优秀但偶尔出些小洋相的人更受欢迎。毕竟前者会让人有种不真实感和距离感，而后者就有血有肉、十分亲切了。如果你能在出丑之后表现得泰然自若，还能跟着大家一起开心地嬉笑，这样反而会更增加大家对你的好感度，觉得你乐观自信，非常有魅力。

爱爱

我明白了。夏夏，我觉得在面对挫折的时候，豆豆的心态要比我好很多。我该如何保持良好的心态呢？

夏夏

关于失败这件事，我的确有些经验可以跟你们分享。

失败是什么

如果说失败是目标的落空，是尝试过后的失望，那么，只要我们没有停止尝试，失败就永远不会到来。

很多时候，人们产生挫败感是因为他们把完成一件事情的周期设想得太短了，恨不得一次就达成愿望，不然就视为失败。

那些能做出伟大事业的人，比如科学家，他们可能一生都在研究一件事，其间无数次的愿望落空并不会让他们觉得失败，因为他们并不会因一次实验成败而定义是否成功，而是不断研究，不断接近成功。另外，对于他们来说，实验成功是他们的目标，但他们一生都在探索研究，这本身就是一种更高维度的成功。

• 失败不可怕

与其说失败，我更愿意说在未达到目标前的种种尝试都是试错。我们在试错的过程中，不断总结经验、积累能力，逐渐走向成功。

对于那些能用心分析失败原因、认真调整方向的人来说，每一次失败都是迈向成功的基石；对于一个浑浑噩噩、怨天尤人的人来说，失败就是砸向他的巨石。所以，最后能把路走成什么样，除了机会与能力，更多的在于如何看待失败。

• 允许自己情绪低落

人有得失心很正常，即便我们努力调整，也不能否定这种心态在一定程度上会对我们造成心理影响。

在我们试错的过程中，如果有时产生低落情绪也没关系，我们可以和值得信赖的人倾诉，也可以去做做运动或者出去旅行等。不轻言失败，不代表不能有情绪。

只要我们懂得去调节情绪，正视自己遇到的问题，不被情绪所控制就可以了。

人生遭遇困境时，或许不能一下子振作起来，但不要一直萎靡不振。

豆豆

所以说，当我们遇上困境的时候，更应该加倍警惕，尽量避免自己出现这样的问题。

爱爱

我也明白了一个道理，不能让情绪在我们遇到困境的时候趁机来控制我们！

CHAPTER 4

不可不知的网络安全守则

谢谢你，互联网

豆豆

姐，咱家网费到期了！我的电视剧看了一半，正看到精彩之处，怎么办呀？

爱爱

现在太晚了，明天再让妈妈交网费吧！

豆豆

现在大家的生活都离不开网络，真不知道过去的人没有网络是怎么生活的。如果没有网络，妈妈在外地出差的时候就联系不上咱们，她肯定会放心不下的。

爱爱

对呀，如果没有网络，我们遇到什么不懂的事情，也不能上网查资料。你有没有觉得网络就像我们的外挂一样。

豆豆

啊？什么外挂呀？

爱爱

这个嘛，就听我和你细细道来！

对于出生在网络时代的我们来说，网络一步步成了我们生活中的必需品。它如同人手一个的外挂，让我们每个人都拥有一个取之不尽、用之不竭的“外援”。这个“外援”知识渊博、随叫随到，它让我们的生活更加丰富有趣，让自我提升变得便捷。

娱乐上的外挂

很难想象，过去的人们只能被动地在电视上收看节目，看电影也要买光碟在DVD上播放。而在当下时代，我们随时可以在网络上搜索到大量的影视资源。

但有时候选择多了，也是一件让人头疼的事情。比如，一部好的电影不仅让我们觉得故事有趣，还能启发我们思考，让我们更加了解这个世界。而一部不好的电影，则会让我们浪费两小时的光阴。

那么在挑选电影、音乐、绘画、舞蹈之类的艺术作品时，除了选择自己感兴趣的之外，也可以去了解一下这个领域中一些大师级的标杆作品。这样的作品可以给我们带来许多启发，并提升我们的艺术审美能力。

注意事项

✳ 付费收看收听，拒绝盗版。不伤害创作者的合法利益，尊重创作者的付出，不侵犯版权。毕竟我们将来工作时，也希望他人尊重我们的劳动成果。

✳ 选择电影时要做一下分级，把包含过度恐怖、暴力和情色内容的电影排除在外，这类电影对我们刚刚成熟的身心有着负面影响。

• 生活上的外挂

以前我们出门时要记着带这个、带那个，而现在有什么是一部手机解决不了的呢？衣、食、住、行，我们似乎都能在手机上一键解决。

不过，这也给很多老年人带来困扰。比如，有些长辈不会用打车软件，经常在路边带着大包小包打不到车，看着出租车呼啸而过，不知道司机为什么不理会自己的招手，常常要等很久才能打上车。

或许你也教过家中的长辈很多次如何使用购物软件、社交软件、打车软件等，但教了无数次他们还是记不住。

这个时候，我们应该多一些耐心，那些上了年纪的爷爷奶奶，对网络的熟悉度的确不如我们，他们甚至还会对网络有畏惧心理。毕竟他们与我们出生的年代不同，而且年龄大了，对新事物的接受会慢一些。

• 学习上的外挂

幸运的是，互联网这个外挂可以很大程度地帮助我们缩短教育资源的差距，帮助我们打开眼界，拓宽知识面。之前可能需要留学或者去一线城市的名校才能听到的名师课程，我们现在坐在家中就可以用相对低廉的价格甚至免费就能获得。

豆豆

哇，姐，我终于知道你为什么学习比我好了，我利用网络刷视频，你却用它来学习！

爱爱

呵呵，你也可以利用网络学习呀。总之，只要是健康地使用网络，都是可以拓宽我们的知识面的。

不怕，我们可以战胜网络霸凌

豆豆

姐，你今天怎么看起来有些不高兴呀？

爱爱

唉，我的一个朋友遇上了点儿麻烦事。之前有个男生追求她，刚开始她对男生的印象还可以，所以男生送她零食，她也没有拒绝，并把零食分给了同宿舍的其他同学。但后来我朋友发现自己对这个男生没什么感觉，就拒绝了他。可是不知道为什么，这个男生开始在朋友圈和微博上说我的朋友是物质女，找他要手机、电脑和名牌包等贵重物品。

豆豆

啊？她没有收这些吧？看来真不能轻易收别人的礼物。

爱爱

当然没有了。自从她拒绝那个男生之后，男生送她的东西她都没有收过。关键是这个男生还造谣，说我的朋友不愿意和他好，是因为她被人包养了。很多根本不认识她的人就开始在网上议论她、骂她。

她这是遇上网络霸凌了呀!

夏夏

什么是网络霸凌呀?

爱爱

这个说起来话就长了，我们赶紧进入小讲堂来学习一下吧!

夏夏

什么是网络霸凌

霸凌是指一人或多人对他人进行重复的敌意攻击行为，包括肢体伤害、关系排挤、公然羞辱等。

霸凌者往往因为自卑，在社交关系中缺乏安全感，于是试图通过恃强凌弱的方式来展现自己的强大，以此来满足因自卑而产生的虚荣心。这样的人还非常喜欢通过贬损他人的方式来体现自己的优越感。

在展现的过程中，关注他的人越多，他就会越兴奋。他似乎一下子有了发言权、掌控权，极其享受带头伤害他人时那种一呼百应的感觉。

人们普遍认为，网络霸凌与现实生活中的霸凌有很多不同，比如，很多人可能会以为网络霸凌者是陌生人。其实，很多时候被霸凌者知道罪魁祸首是谁。因为霸凌者实施霸凌本身就是为了伤害他人，希望从受害者那里得到报复和发泄的快感，所以往往会透露自己是谁。

网络霸凌和生活中的霸凌在动机上并没有差别，只是载体有所差别。并且，现在网络和现实的连接也越来越密切，很多网络上发生的事会影响到现实，现实中发生的事也会在网络上发酵。在校园中，也会有人通过网络来肆意传播流言，伤害、侮辱他人。不同的是，网络霸凌比现实生活中的霸凌更具有伤害力，很容易造成大范围的攻击和人们不假思索的传播与指责，并且网络霸凌的持续时间会更长。

• 如何应对网络霸凌

下面我们讲讲如果不幸遇到网络霸凌，如何处理可以更快地摆脱霸凌。

1.报警

我们可以请求警察对网络霸凌自己的人进行口头警告、电话警告或当面警告，这样做可以起到一定的震慑作用。

2.告知霸凌者的父母

霸凌者的父母往往不知道自己孩子的所做所为，霸凌者也害怕父母知道。如果可以，让你的父母去告知他的父母，效果会更好。

3.告知学校

不必担心向老师告状丢脸，发生这样的事情，丢脸的应该是霸凌者。你可以让学校去要求霸凌者向你郑重道歉。

4.去法院起诉

如果霸凌者的父母不明事理，警察的警告也没有震慑到他，那么就可以拿起法律的武器保护自己。

5.忽视他们的存在

做了上面战术上的事情后，我们接着需要做的就是调整好自己的心态，把他们当作“小透明”。霸凌者最害怕的就是你对他无动于衷，这会让他很受挫，得不到快感，这样他就不会再纠缠你了。尤其是网络霸凌，很少有霸凌者会持续骚扰对自己不理不睬的人。过好自己的生活，就是对霸凌者最大的藐视。

6.多人行动

霸凌者如果试图对你进行肢体伤害，要尽量减少单独行动，也尽量不要去偏僻的角落。上学、放学可以和朋友、同学一起，或让家人接送。

7.保护其他被霸凌者

当其他人被霸凌的时候，我们应在保护好自己的前提下，挺身而出，成为强大的保护者，而且不要为霸凌行为推波助澜。

豆豆

我知道该怎么办了，我现在先把这些解决方法发给我的朋友，无论她选择怎么处理，只要她愿意，我都会陪着她。因为我觉得，如果我遇上这种情况，能有朋友陪在我身边的话，我会安心很多，也会更有力量的。

爱爱

嗯，最近你都陪着她比较好，一是可以让她情绪稳定一些；二是你这么聪明，也可以为她出谋划策，帮她一起战胜网络霸凌！

停不下来的游戏

豆豆：姐，你是如何做到说玩半小时游戏就玩半小时的？很多时候，我只是打算玩一局就开始做作业，可是一局之后如果打输了，就想打赢一局就不玩了，可如果打赢了，就又觉得这会儿正有手感，再玩一局吧。如此一来，几小时就过去了……

爱爱：你好像的确会这样呢，前几天妈妈还跟我说了这件事情，说你生她气了，让我监督着你学习呢。

豆豆：唉！还不是因为前一段经常打游戏学习成绩下降了嘛，我俩因为这件事拌了几句嘴。

爱爱：本来打游戏是为了让心情轻松，但如果因为打游戏和家人闹矛盾，心情反而不轻松了呢。

豆豆：是呀，我该怎么办呢？

爱爱：那我就来和你分享，如何让我们更好地掌控游戏，而不是被游戏掌控。

游戏设计师的任务就是让玩家在玩游戏时玩得停不下来，所以不用去责备自己的意志力薄弱，我们只需要一些小的方法就可以解决这个问题。

• 让不快乐变得有限

停不下来，当然是因为打游戏是真的让人很快乐呀！而学习呢，虽然也会让我们有成就感，也可以带来快乐，但不得不承认的是，无论是学习文化知识还是学习画画、乐器等，在学习的过程中总是会伴随着枯燥与痛苦。

如果我们限定自己快乐的时间（如打游戏）只有1小时或者半小时，而不限定自己感到乏味、痛苦的时间，那么我们就会觉得快乐过后，痛苦的时间将是无限长的，而压力也显得无限大……

是不是想想就更不想去学习了呢？所以我们要做的事情就是把不快乐的时间也设定好。例如，周末在家，我们不要只规定自己玩1小时游戏，而是要提前一天将第二天的时间安排好，比如几点到几点是背书时间，几点到几点是做题时间，几点到几点是游戏时间。尽量不要把打游戏的时间放在睡觉前，因为很容易为了多玩一会儿而牺牲睡眠时间。

另外，可以买一个时间管理日程本，更方便也更有效。

• 了解自己通过游戏在回避的问题

焦虑感往往是沉迷游戏的头号原因，无论是外貌焦虑、人际关系焦虑，还是对学业的焦虑，都会让我们不由自主地沉迷游戏。因为游戏可以让我们把注意力全部转移过去，从而暂时忘却那些让人烦心的事情。

可惜回避问题就像把伤口遮掩起来，不去处理只会让伤口发炎溃烂，变得更加严重。因此，不回避自己正在焦虑的问题，就是我们首先要做的事情。例如，课业紧张、害怕面对考试失败，这些焦虑、害怕的情绪就会让人产生逃避心理。游戏则会变成我们逃避的洞穴，只有鼓起勇气直面这些恐慌，才能帮助我们走出游戏这个洞穴。

• 了解游戏满足了自己什么需求

生活中没有得到的成就感，通过游戏都可以得到满足。在学业上，因为班里的第一名只能有一个，而大部分人都不是那个第一名。但在游戏里，无论水平怎样差，也总能打赢几次。

可惜的是，除非是职业游戏选手，其他人是无法一直通过游戏彻底满足成就感的。更容易出现的情况是，花在游戏上的时间过多，在课业上、生活中的挫败感会更强烈，而游戏带来的成就感只会越来越少，内心的挫败感始终无法得到安抚。这时不如尝试多发掘一些自己有兴趣并能让自己在生活中持续获得成就感的技能，比如画画、舞蹈、主持、表演、乐器、视频剪辑等。培养这些技能，不仅可以让你获得成就感，而且还会帮我们挺过那些孤独落寞的时刻。

游戏还能满足我们对社交关系的需求。当现实生活中的交友情况不能满足我们的社交需求时，那么我们就会通过游戏、网络来实现这种需求。这种退而求其次的方式不是完全没有用处，但从心理学上来说，人类的社交需求很难被网络社交满足，并且现实中的人际关系如果糟糕的话，依旧会对我们的内心有很大的影响。所以我们也要满足自己对现实中社交关系的需求。

豆豆

姐，幸亏有你在身边，不然等我沉迷在游戏里就得不偿失了。一会儿我给妈妈回个电话，告诉她我不会因为游戏再耽误课业啦，这几天她应该也挺担心我的。

嗯，快去吧！

爱爱

上网也要学会自我保护

豆豆：我听说咱们学校一个学姐因为借网贷，欠了20万元，也不敢告诉她爸妈，居然离家出走了，这两天可把她爸妈急坏了。

爱爱：我知道，借网贷的人如果有拖欠，网贷公司就会开始骚扰欠债人，他们抓住欠债人担心自己欠钱的事闹得人尽皆知的心理，而逼迫欠债人找更多的网贷公司去贷款。

豆豆：为什么她借完钱不赶紧还了呢？

爱爱：这……夏夏，你觉得是为什么呢？

夏夏：有些人借网贷的原因是膨胀的物质欲和他们赚钱能力不对等导致的，这类人借到钱之后就去花钱买东西了。买完之后，他们赚的钱根本不够还借的钱，再加上这种网贷利息和手续费也非常高，远远超过了他们的还债能力，所以只能不停地去借款，拆东墙补西墙。还有一部分人是生活所迫，例如生了重病。像这样的情况更加难以及时还上借款和高额的利息，所以欠款像滚雪球一样，越来越多。

那学生更没有偿还贷款的能力了，为什么那些网贷公司还会借呢？

爱爱

网贷公司从来没有指望学生能还钱，而是因为学生阅历少、好恐吓，有些网贷App背后的老板都是同一拨人，一旦学生还不上，他们会诱导学生去他们旗下其他的App继续借款，来偿还之前的欠债，并再次收取手续费、服务费等费用，好从中获利更多。谁来偿还这么高额的欠款？他们的最终目标就是孩子的家长。

夏夏

我之前看过一些新闻，说很多家庭为了帮孩子还贷款，倾家荡产了。

爱爱

是呀，只要是正规的贷款机构，无论是银行还是网络贷款公司，都不会借款给没有偿还能力的学生。所以，诱惑学生去贷款的网贷公司，一定是会把一个家庭坑到倾家荡产的违法组织。

夏夏

豆豆：唉，那个学姐如果能早些看穿那些不怀好意的人就好了。

夏夏：接触网络其实就是接触这个社会，很多人像豆豆的学姐一样，把网络想象得过于简单，没有自我保护的意识，就很容易遇到麻烦。今天我就来和你们讲讲在网络上如何保护自己！

网络社交那些事儿

在网上结交朋友也是锻炼社交能力的一种方式，还可以让我们跨越千山万水认识很多有趣的人，一起做许多有趣的事情。

不过，因为网络交友与现实交友有所不同。比如，现实生活中，我们不会把自己的隐私告诉一个刚认识的人。但网络容易让我们放松警惕，而选择信任对方。

网络上的人与现实生活中的人一样，形形色色。所以我们一定要懂得在网络社交的时候保护自己，避免遇上心怀叵测的人，对你的生活造成骚扰，甚至威胁生命安全。比如，有的女生在网上认识了异性朋友，在相处很短的时间后对方就向女生索要性感照片。这个男生的行为会不会让你觉得他有些浅薄和猴急呢？而且他们只是在网上认识，就说出这样无理的话，那现实生活中的他应该更不懂得尊重他人吧。

另外，在网上聊天的过程中，我们还需要注意以下几点，才能更好地保证自己的生活不会因为一次不经意的网聊而受到影响。

1.不要发过于裸露的照片

网络另一边的“他”对你来说其实就是个陌生人，因为无法确定他会不会把这些照片发给其他人，甚至发到社交账号上来炫耀自己很有男人魅力，这些照片一旦传播开来，就会对你的生活造成影响。

2.不要和对方聊与性相关的话题

原因和第一点一样，无论是裸露的照片还是和性话题相关的聊天截图，都可能变成对方日后用来要挟你的把柄。

3.想象和真实的差距会超出你的想象

很多人会因为对恋爱的期待和想象，而把网上认识的男孩幻想成自己理想中的恋爱形象，然后陷入迷恋，不可自拔。但长时间接触后，就会发现自己只是跟自己的想象恋爱罢了。另外，网络很具有欺骗性，对面和你聊天的人，说不定是一个四五十岁的“抠脚大叔”呢。

4.不要透露自己所在的学校或者家庭地址

这是为了避免不小心遇上心怀叵测的人，对你的生活造成骚扰，甚至威胁到生命安全。而且万一接触之后发现自己并不喜欢他，拒绝了他的示爱，也容易被对方过激地纠缠。在这里建议大家千万不要透露自己的学校或家庭地址。

另外，关于“网络奔现”（奔现，网络流行语，即由网恋转为线下真实恋爱）的问题，在这里还是不提倡大家“奔现”，但如果你坚持见面，有几点需要提醒想“奔现”的你。

- 见光死的可能性很大，要做好心理准备。
- 不要独身前往，应和家人或者几个朋友一起。
- 与一个并没有一起前往的朋友共享位置，以防发生不测。

✳ 见面的地点选择在人多的公共场所。

✳ 不要因为见过几次面后就放下戒心和对方进入私密环境。

• 陌生链接要警惕

世界不完美，必然会有一些心怀不轨的人想通过侵犯他人的利益而获利。比如，韩国的“N号房事件”，就是一起侵害未成年人的网络犯罪案件。罪犯寻找的作案对象通常是喜欢在社交媒体上发布自己较为性感照片的未成年女孩，然后假扮警察称接到受害者散布色情内容的举报，要受害者在指定的链接上填写个人信息，以此截获受害者的重要信息，并用于日后进行犯罪活动，导致很多涉世未深的女孩成为罪犯获利的工具。

所以，还是那句话，不要轻易在网络上暴露自己的隐私和个人信息，而且如果收到一些奇怪的链接，尽快删除是最正确的做法。

• 不要轻信可以快速获取金钱的方法

网上有很多“快速赚钱之道”，我们平时可能不会相信，但往往一着急用钱，就会觉得有可能是真的了。

网络和现实一样，都没有天上掉馅饼的事情，掉下来的只有或大或小的陷阱。看起来越是能发大财的机会往往越是大陷阱。那些动不动就甩卖的不是好货，动不动就能发大财的事也不是什么好事，比如传销、刷单、网络赌博等。

还有一些招聘信息，看似正规，但对学历要求低，对能力要求也不高，工资却很高，这种情况也一定要小心，毕竟事出反常往往可能是陷阱。

豆豆

原来骗子有这么多骗人的招数，我怎么没想到呢！

是呀，如果有些骗术我们事先不知道，还真很容易被骗呢。

爱爱

做谣言的粉碎机

豆豆：姐，你有没有发现，现在经常有人在网上造谣某些名人去世了！

爱爱：是呀，这些造谣的人简直太讨厌了！

夏夏：造谣的人或是为名，或是为利，或是不怀好意吧。

豆豆：真是造谣一张嘴，辟谣跑断腿啊！

夏夏：你知道有一句话叫“流言止于智者”吗？

豆豆：我知道，那些编造的谣言总是会有漏洞的，智慧的人会通过逻辑和证据进行分析，很快就会知道真假，假象也就会停止传播。而有些人则是盲目地人云亦云，所以就成了谣言的传递者。

夏夏

对的。科学思维不仅是针对科学，用科学的思维方式去处理生活中的问题也是很有必要的。

豆豆

那怎么用科学思维去处理谣言呢？

夏夏

让我们一起进入“夏夏小讲堂”，与大家好好聊聊这个问题吧！

不要故意传播谣言

从法律层面来说，无论是造谣还是编造假新闻，都是要承担法律责任的，甚至不只需要承担民事责任，还有可能需要承担刑事责任。

网络传播的速度是极快的，传播范围又广，因此网络造谣给他人带来的伤害，给这个社会带来的危害就会更加严重。不管这些造谣者事先有没有想到，当他们做出这件事时，他们就要为自己的行为负责。

从做人的角度来说，无论是和对方有什么样的过节，或者是多么想出名或获利，通过造谣这种手段来实现，都是不光明磊落的。我们想要获得名利无可厚非，但要知道取之有道，知道什么可为，什么不可为。

不轻易对他人做判断

网络上不仅有针对一些事件的谣言，还有针对一些人的谣言，这些谣言中伤的可能是某人的人品、事业，或者两者皆有。当然，也有一些吹捧某人的不实信息。

吹捧这件事，但凡是吹捧得过分，是比较容易通过逻辑思考发现问题的。不过，只要他吹捧的内容对我们没有什么伤害，对这个社会也不会造成危害，就不是什么大事。只要我们不盲目地把一个人当成“神”，而是把对方当作一个会犯错、也有无知之处的“人”就好了。

那些我们无法直接接触到的人，社会名流也好、明星也好，无论别人对他的评价如何，他们在公众面前表现出的形象如何，都是片面的，他们在现实生活中是什么样的人，我们都无法得知。我们即便喜爱某一个明星，其实也只是喜爱他身上某些优秀的地方或者他给我们展现出的形象而已。

关于网络上对于某个人的中伤，很多时候我们难以判断真假。因为我们和对方可能根本不认识，对对方知之甚少，这样是无法真正了解一个人的。所以，我们在网上尽量不要轻易批判他人，尤其不要从个人的角度去定义一个人的善恶，然后去侮辱他人。

来源不明的消息要谨慎

互联网时代最不缺的就是信息，这些信息真真假假，影响着我们的判断。要判断信息真假，我们可以先筛选一下信息的源头，比如，看它是否来自比较权威的媒体、书籍或专业人士等。

当然，这不是说权威的一定都对。权威也会犯错，我们也需要对权威保持谨慎的态度。但权威的媒体、书籍、专业人士在过滤信息的时候会更谨慎，描述的时候也不会为了博眼球而夸大其词。

面对来源不明的消息时，需要保持十分谨慎的态度，尤其是在我们并不熟悉的领域里。因为我们不是全知、全能的，对不熟悉的事物判断更容易出错。

在面对一些爆炸性话题、惊悚话题、热议话题的时候，我们往往会被其中的一些信息点燃情绪，然后被带节奏。在这样的氛围下，独立思考就显得尤为重要，对于这件事本身的逻辑以及他人的观点，都需要我们去想一想，要做到不盲从、不盲信。

当我们对某个事件了解得不多时，不要急着去判断，只有了解得更全面，才有利于我们分析问题。

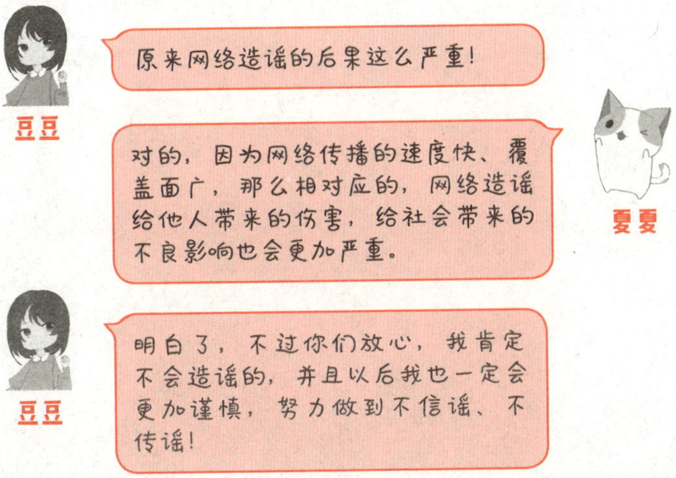

CHAPTER 5

最好的朋友在身边

我想变得受欢迎

豆豆：姐，你说怎么才能在学校里很受欢迎呢？

爱爱：你的朋友本来就很多啊，这个问题我还想问问你呢！

豆豆：但还是想更多的人喜欢我，愿意和我做朋友呀。

爱爱：为什么需要那么多人喜欢自己呢？

豆豆：这个我倒是没想过，可能觉得朋友越多就越被重视，有种核心人物的感觉吧！

爱爱：你说的这种感觉的确不错，不过根据我的个人经验，有的时候不必刻意追求朋友的数量，因为朋友太多也会让人身心疲惫。而且我们的时间是有限的，除了学习，还需要时间和真正亲密的朋友去联络感情。如果把所有的时间都用在结交新朋友上，我们的好朋友也会因此渐渐疏远呢。

豆豆：姐，那我该怎么办呢？

爱爱

这就需要你去尝试着平衡了。首先，不要因为交友影响到课业。其次，在认识新朋友的同时，也不要忽视之前的好友。最后，如果可以的话，我们的新朋友和老朋友也可以成为朋友，这样大家就可以在一起玩了，毕竟都是喜欢和你相处的人，他们之间也会有许多共同点呢。

豆豆

那如果有的朋友不希望其他的朋友加入我们的活动呢？

爱爱

那就要尊重对方了。不是每个人都希望和朋友的朋友成为朋友的，他可能只想和你做朋友，遇到这种情况就不要强带他人参与你们的活动了。另外，有的人比较排斥你有其他朋友，他只想独占你的友谊，处理这种情况的时候就需要谨慎一些了。我们肯定不能因此而不交朋友，但和他相处的时候，也不要过多地提及别的朋友。当然，如果这类占有欲强的朋友影响了你的生活，让你产生了痛苦的感受，那么他可能就不适合做你的朋友。因为相处得开心才是真正的朋友。

豆豆

明白了。姐姐，你有什么可以让自己受欢迎的方法吗？

爱爱

这个我们还是一起问问夏夏吧，毕竟猫咪可是最受欢迎的动物之一呢！

拒绝讨好

很多人误以为，尽自己所能满足他人的需求等于良好的人际关系。

如果一个人总是想去讨好别人，反而会让自己变得不受欢迎。大家交友的一个重要原因就是被他人的优秀之处所吸引，觉得和这个人相处是有趣的。

当然，这并不是说在朋友需要我们的时候“事不关己，高高挂起”，而是要懂得，不能一味地为满足他人的需求，而完全不顾自己的感受。

另外，当对方说一些让我们不舒服的话、做一些让我们不舒服的事情，或者触及我们做人做事的原则时，虽然不至于大发雷霆，但也要让对方明白，我们不喜欢他这么做。

• 做好自己

“做自己”和“做好自己”虽然只有 字之差，但意思完全不一样。

如果“做自己”，我们可能会不顾父母的收入情况而肆意消费，购买自己喜欢的任何东西。

“做好自己”，就是体谅父母赚钱不容易，虽然不放弃“做自己”去购买自己喜欢的东西，但我们会把握一个度，不会肆意消费。

社交可以减少孤独感，而学习、工作、才艺上的优秀，会让我们更受欢迎。

高情商的人更受欢迎

大家都更愿意和高情商的人做朋友，其原因是和高情商的人相处起来十分舒服，不用担心他突然因为一些小事就情绪激烈，也不用担心他说的一些不合时宜的话让人难堪。更重要的是，他们懂得在相处的时候，给他人表现自我的机会，认真听别人讲话，而不是独占风头。

我们要懂得观察每个朋友的“软肋”，不去说一些刺痛他们“软肋”的话。比如，不要在朋友考试失利时炫耀自己的优异成绩，也不要在那些因肥胖而自卑的朋友面前说他又长胖了。

另外，我们也要懂得在聊天时不要只顾讲自己的事情，毕竟人与人之间最喜欢聊的话题就是和自己有关的话题，对方也是一样的。尽量给对方留一些讲自己事情的时间和机会。

懂得陪伴的意义

人在难过的时候需要朋友的陪伴，人在开心的时候需要与朋友分享。这些孤独的、愉快的、失落的、兴奋的时刻，正是因为有朋友在身边，才有了不一样的意义。

然而，我们既不喜欢这些陪伴时刻成为让人烦躁的说教时间，也不希望我们高兴的分享换来对方漫不经心的应付。

当朋友开心的时候，可能不需要太多的祝贺，和朋友共享他的愉悦比什么都重要。

当朋友难过的时候，也不必开启说教模式，讲一些“事情总会过去的”“我之前和你说过不要……”“这没什么大不了的”之类的大道理，更不要在这个时候把话题扯到自己身上，跟人说：“我以前也遇到过，我之前如何如何，你看我是如何如何解决的。”这个时候我们只需要陪在他的身边，去感受他的难过，让他知道我们能够理解他的心情。如果条件允许，我们可以略尽绵薄之力去帮助他，哪怕只是为他倒一杯水，买一杯他喜欢的奶茶，也会让他感受到友情的温暖。

帮助被孤立的他

豆豆：夏夏，你说如果被同学们孤立了怎么办呀？

夏夏：啊？你被同学孤立了吗？

豆豆：不是啦，是班里有个同学被孤立了，我想帮帮她。

夏夏：大家为什么孤立她呢？

豆豆：她个人卫生习惯不太好，学校宿舍里的生活用品总是脏脏的，后来她们宿舍的人把这件事传了出来，就有很多人笑话她，现在就几乎没人愿意和她说话了。我看她因为被大家孤立变得越来越沉默寡言，就想去帮帮她。

夏夏：你想要怎么帮她呢？

豆豆：我想没事主动和她说说话，让她感觉没有那么被大家排斥。

夏夏：还有吗?

豆豆：其他的我也想不到了，所以想问问你们，我能做些什么呢?

夏夏：爱爱，对于豆豆的这个问题，你有什么主意呢?

爱爱：我也不太了解那个女生的具体情况，那我就讲两种被孤立的常见情况以及解决的方法吧!

遭遇校园霸凌而被孤立

霸凌不单单指那些殴打被霸凌者的暴力行为，也包括使用冷暴力来排挤他人的行为。那些霸凌者通过孤立排挤他人来获得掌控的快感，而没有顾及这些行为给被霸凌者带来的痛苦。

如果身边的同学遭遇霸凌，我们不要做冷漠的看客，因为如果我们不敢作声，也同样会被视为软弱的可霸凌对象。而如果我们敢于制止他们去欺负别人，他们就会知道我们并不害怕他们，以后就不敢欺负我们了。

在同学被霸凌的时候，我们可以告诉那些霸凌者，他们这些行为会对他人造成伤害。因为有些霸凌者可能从来没有考虑过被他欺负的人的感受，如果提醒他们那些被霸凌者的感受，就有可能让他们反思自己的行为。

应对霸凌的方法

下面根据具体情境告诉大家几种应对方法：

- 如果霸凌者在辱骂他人或者给他人起侮辱性的外号时，我们不要跟着起哄或大笑，而是要对霸凌者说：“不要这样说他！”

- 如果被辱骂或被起难听外号的是我们自己，则可以对霸凌者说：“你这样很无聊。”“你这样非常不好。”或者给他一个“你好无聊”的眼神，然后彻底无视他，让他们产生自己在做蠢事以及被无视的感觉。

- 如果霸凌者在对他人实施暴力行为，我们则可以大声说：“住手！”“别打了！”在自身安全可以得到保障的情况下，我们也可以上前劝阻。

● 如果是一群人在对他人实施暴力，而自己势单力薄，要先保证自己的安全，然后跑去找大人帮忙或者报警。在条件允许的情况下，也可以编一些善意的谎言，比如，对霸凌者说："我刚看见教导主任要过来了。"

● 如果还没有升级到实施暴力的状态，也可以尝试帮助被霸凌者离开，比如，对被霸凌者说："班主任正找你呢，让你赶紧过去。"

● 如果是你受到了他人的威胁，感觉自己可能会遭到殴打的时候，一定要及时告诉家人、老师。另外，平时尽量不要落单，霸凌者往往不会在你身边有三五好友时对你下手。

● 如果是突发情况，千万不要跟对方去人少的地方。在人多的地方，他们会有所顾忌。

● 如果你不小心落单，在霸凌者威胁你的阶段就近迅速跑进老师的办公室或者附近的店铺，然后告诉老师或者给家人打电话。

● 如果霸凌者已经开始殴打你，你要一边护住关键部位，比如头部、胸部，一边大声呼救，一边赶紧逃跑。

● 如果对方持有利器，尽量不要激怒对方，先配合对方的要求，找到机会时再赶紧跑开。

● 如果是一个人要殴打你，假如在体力上你占有优势，直接阻止他殴打你的行为。然后告诉他不要再做这种无聊的事情。当然，这种霸凌行为往往是多人进行，因为他们也需要虚张声势，互相壮胆。

● 如果是同学被霸凌者排挤，你可以尝试关心这位遭遇霸凌的同学，比如，和他聊聊天，或者邀请他一起出去玩，让他感觉到自己不是被完全孤立的。

● 如果你被霸凌者排挤，首先要调整心态，告诉自己不必在乎这些人，因为你不在乎他们的时候，他们所表现出的言语和态度，对你来说就没有任何意义。其次，如果受到他们的影响就不和你做朋友的人，对你来说也是不值得交往的人，这些人也不必在乎。最后，这个世界上既然有霸凌者，就有不畏霸凌、坚持正义的人，他们不但不会被这些人影响，在你被欺负的时候还会替你说话，这些人对我们来说才是重要的人，才是真正的朋友。

• 因为个人的不恰当行为而被孤立

如果的确做了一些伤害他人或者让大家很排斥的行为，也可能会被大家孤立，比如，经常说谎、经常在背后说别人的坏话、个人卫生习惯不良等。

如果我们因为上述情况而被同学们孤立，那么首先要去改变这些不良行为，其次是向那些被自己伤害到的同学真诚道歉，最后要用实际行动让大家看到你的改变。

如果是他人因为上述情况被孤立，那么我们可以在不伤及对方自尊的情况下，私底下温和、婉转地告诉他，如果他做出改变，会有更多人愿意和他做朋友，并愿意帮助他做出改变。

豆豆

姐，这个"信息"我是不是可以理解为，我可以委婉地告诉我们班那个被孤立的女生，每周换一次床单会对皮肤比较好。

对的。不过最好还是在你们两个人独处的时候告诉对方比较好。

爱爱

豆豆

我明白了，那我就先去和她成为朋友，然后在合适的时机再告诉她！

不被父母认可的朋友们

豆豆

姐，我跟妈妈聊起我的几个朋友，妈妈听了之后表示不希望我和他们继续接触，说他们成绩不好，会影响我的成绩。你说我该怎么办呢？

你觉得你的成绩好坏，是他们可以影响的吗？

爱爱

豆豆

说实话，或多或少会有影响，因为他们的重心没有放在学习上，他们更喜欢和朋友聚会、逛街、聊天什么的。他们常常约我一起出去玩，我有的时候也不太好意思拒绝，所以肯定或多或少会占用学习时间。

那他们人怎么样呢？

爱爱

豆豆

人挺好的呀，对人真诚、友善，也不会欺负同学，只是不喜欢学习。

爱爱：既然如此，你就可以坦率地告诉他们你的功课还没有完成。他们肯定是可以理解并支持你的，大家是朋友的话，是愿意包容和体谅对方的。

豆豆：明白了。那你说为什么妈妈要干涉我交朋友呢？她喜不喜欢他们，关我什么事情呢？

爱爱：妈妈可能是怕你受到伤害吧。

豆豆：他们并不会伤害我呀！而且还对我挺好呢！

爱爱：这种伤害不一定是肢体上的伤害，而是家长出于多方面的考虑，他们担心将来无法保护我们的时候，我们不能在这个世界上幸福地生活。所以当我们有可能受到一些不好的影响时，他们就会担心这些会影响到我们的未来，害怕我们现在交友不慎，未来会吃苦。

豆豆：我明白了。那怎么可以让他们不用再为我们交友的事情担心那么多呢？

爱爱：这个我就详细地和你讲讲吧！

• 品质VS成绩

有些家长会更看重孩子的朋友的成绩，认为成绩好的孩子就是好孩子。其实，我们明白，成绩好坏并不是衡量一个人的唯一标准。

我们可以不在乎朋友的成绩，但一定要在乎朋友的品质，也就是他的人品。首先，如果交往的朋友品质不好，很有可能影响到我们的行为，让我们形成错误的价值观，把一些错误的事情判断为正确的事情。比如，有些品质不好的人喜欢欺辱同学，在他们的影响下，有可能让我们感觉欺辱同学是件很牛的事情。所以当我们在选择朋友的时候，要看重朋友的品质，比如，他是否真诚、正直、善良、阳光、努力、勤奋、认真等。其次，自身品质不好的朋友也会对我们造成一些伤害，比如，他可能会在知道我们的秘密后去大肆宣扬，甚至可能会无中生有地编造一些谎言来伤害我们。最后，与品质不好的朋友交往，难免会去做一些违心的事情，这样做的结果就是事后心里会感到不安，给自己造成一些不必要的精神上的压力。

• 坚定的自己

没有完美的人，就没有完美的朋友。在结交朋友的时候，或多或少会有些不完美的地方。我们可以多学习朋友身上优秀的品质，对于朋友的不足之处，我们发现后可以告诉他，并提醒自己要避免出现这些不好的行为。

这里有一个衡量交友的好方法，那就是平时可以经常三省吾身，去看一看自己是否被一些不好的认知行为所影响，对方身上是否有更值得自己学习的地方。

如何让家人接受他们不认可的朋友

家人有的时候不认可我们的一些朋友，是因为他们不太了解我们的朋友，就像我们也不怎么了解他们的朋友一样。毕竟只有相处得多了，才能更了解对方。所以，如果我们的朋友真的很不错，不妨在和家人闲聊的时候，告诉他们一些你的朋友比较正面的事情，让家人更全面地了解你的朋友。让他们了解到，虽然你的这些朋友有一些不足之处，但也有很多优秀的地方。

另外，更重要的是让我们的家人看到，我们结交的这些朋友不仅没有给我们带来伤害，还让我们变得更加优秀了。比如，豆豆妈妈担心她因为结交那些朋友而影响到学习成绩，这个时候最有力的证明就是让自己的成绩得到提升。只要保持一段时间，豆豆妈妈自然不会再干涉豆豆和他们做朋友。

豆豆

明白啦！我现在就去做练习题，把之前落下的补上来。

需要我给你辅导吗？

爱爱

豆豆

姐，你也太好了，我上辈子一定是拯救了整个银河系，才有一个你这么好的姐姐！

原则与合群，我该怎么选

豆豆

唉！

爱爱

怎么了，豆豆？都听你叹了半天气了。

豆豆

我朋友叫我周末去黑网吧一起打游戏……我不想去，但我又怕我不去的话，她们会觉得我不合群，因此就疏远我。

爱爱

这的确挺为难的。你怎么想的呢？

豆豆

我不太喜欢去那种场所，而且被家人逮到就死定了。姐，你说我该怎么办呢？

爱爱

其实，遇到自己不想做的事情，最简单的处理办法就是坚守原则，直接告诉对方“我不喜欢”。你只要坚持自己的立场，如果是真正的朋友，他们不会因为你坚持自己的喜好而疏远你，反而会觉得你很有个性。

豆豆

哇！学到了，学到了！我知道该怎么办了！姐，你简直太棒了！

爱爱

不过，在“原则”与“合群”的选择上还有些细节需要弄明白，我们一起来听夏夏是怎么说的吧！

原则是什么

凡事都没有原则，或者事事都讲原则，都是不合适的。

想知道怎么处理原则问题，就要先了解什么是原则。原则是我们行为的准则，是我们内心的坚守，是我们自己要先做到的事情。

同一件事情，别人做不到，自己也很难做到的时候，就不要把自己做不到的事情强加在别人身上；那剩下的，我们自己能够做到，而且的确是我们觉得很有必要坚持的事情，就是原则了。

如果是这样的事情，我们在合群与原则当中做选择的时候就应该义无反顾地选择原则了。毕竟，原则代表着自我，如果合群的最后是以自我的丧失为代价，那么合群又有什么意义呢？

当然，我们也不需要强迫别人和自己的想法、原则一模一样，只需要对方懂得尊重我们的想法与原则就可以了。同样，我们也要懂得尊重朋友的想法与原则。

如果对方侵犯你的原则，逼迫你去做一些令你很不舒服或者很危险，甚至犯法的事情，比如逃课、抽烟、打架、霸凌同学、抢劫、偷盗、吸毒等，那就应该远离他们。

• 合群是为了什么

我们进入一个群体，去建立朋友圈的意义是为了让自己的生活更加愉快，减少孤独感。但有的群体只会让我们变得痛苦。

比如，当一个群体的成员总是喜欢在背后说彼此坏话，总希望你言听计从，喜欢嘲笑、奚落彼此，欺负弱势的人时，这样的群体只会让我们在其中倍感痛苦与苦恼，而不能享受友谊带来的愉快与舒适。再比如，当你在这个群体中，没有一个人和你有共同语言，那么就算这个群体有100个成员，也会让你觉得孤独。

当我们在考虑要不要合群的时候，我们首先要考虑的是有没有必要合群。如果这个群体本来就让你觉得融入很痛苦、很不舒服，甚至要戴着假面具而不能有自己的想法，那么与其让自己这么不愉快，不如去加入其他让你觉得轻松、舒服，并欣赏、尊重你的群体。毕竟，青春这么短，要和志同道合的人一起度过才有意义。

豆豆

我懂了，突然间很多事情清晰了许多，我真的知道该怎么做了。我和你，还有夏夏在一起的那种感觉才是我喜欢的氛围。一个能够相互理解、相互包容、相互欣赏、有共同语言的群体才是我想加入的群体。

咱们豆豆善良又真诚，一定可以找到一群真正的朋友！

爱爱

关系再亲密也要有分寸感

豆豆

唉，我的一个好朋友最近看起来心事重重的，我问她怎么了，她就是不跟我说。我特别想知道原因，夏夏，你有没有什么办法呀？

夏夏

既然她不愿意说，为什么一定要知道呢？

豆豆

因为我很关心她呀！万一她发生了什么不好的事情，我会很自责当时没有多关心她一些的。

夏夏

你想要怎么去“关心”她呢？

豆豆

具体怎样关心我也不知道，我就是想再问问她，然后向她保证绝对不会告诉别人。

夏夏

如果上一次你问她时，她没有明显的不耐烦的话，你可以再问问她。但她如果还不说呢？如果她坚持不愿意告诉你，你觉得这代表着她是希望让你知道，还是不愿意让你知道呢？

豆豆

当然是不愿意了。

夏夏

那你为什么不尊重她的意愿呢？

豆豆

万一她出了事情，我会很后悔自己当时没帮上什么忙。

夏夏

她已经做出了不告诉你的决定，就表明她选择了承担不告诉你的任何后果。既然是她的选择，我们应该尊重。至于会不会出现什么糟糕的后果，首先，你只是她的朋友，并不是她的父母，或者监护人。其次，虽然我们可以在尊重他人意愿的前提下去尽力帮助他人，但同时也要明白，要为她的人生负责的是她自己，而我们不需要为他人的选择负责。最后，当我们明白自己不能为朋友的人生负责的同时，也要明白，当她面对选择犹豫不决，来问我们的时候，我们可以给出一些意见，但不能帮对方做决定，更不能强迫对方按自己的规划来做。我们都是独立的个体，哪怕再亲密，边界感也不能丢哦！

豆豆

就是说，我们要对自己的人生负责，不要试图去对他人负责，对吗？

夏夏

对的。我们只是自己人生的主宰，不是他人的主宰，我们不仅不能强迫别人按照我们的想法去做事，还要懂得尊重、理解他人与我们的想法不同。

豆豆

明白了。对了，你刚刚说的边界感是什么呢？我还是有些似懂非懂的。

夏夏

那我就来详细地讲讲什么是边界感吧！

• 什么是边界感

边界感就是懂得人与人之间的界限，包括身体上的和精神上的。

身体上的边界感很好理解，你与他人关系的远近决定你们之间需要保持的距离。比如，大街上的一个陌生人突然上来给你一个拥抱你会感到很不舒服，但如果关系很好的好朋友拥抱你，就不会让你感到拘束。不过这种距离感也要因人而异，有的人不太喜欢亲密的接触，我们应尊重对方的感受。同时，泳衣覆盖的身体部位，再亲密的朋友也不适合去触碰。

精神上的边界感就是对自己人生的专注，以及对他人人生的放手。什么是对于自己人生的专注呢？就是对自己的情绪、行为负责，而不要别人为我们的情绪和行为负责，更不能听从了别人的建议后去埋怨他人。那什么是对他人人生的放手呢？就是他人的情绪、行为应由他们自己负责，而不是强迫他们去顺从我们的意愿，否则，我们就是越界了。

这里要注意分清楚，不越界并不是说我们完全不能对朋友的事情发表意见，而是说，我们不要强迫对方非要接受我们的意见。

人生中的很多痛苦都来自对自己人生的不专注，以及对他人人生的不放手，分不清“你”与“我”。如果能够把握好边界感，就会让我们的人生快乐很多。

• 别人的眼光并不重要

当我们有边界感的时候，我们会去过滤他人的评价，会知道什么样的评价是可以听取的，什么样的评价是无须在意的，比如，那些并不会让我们变得更好，只会让我们变得更焦虑的评价就无须在意。

另外，我们不要用别人的评价去定义自己，更无须在意别人眼中的我们是否优秀与幸福。只要我们自己在努力，不愧对自己就可以，而不是通过别人的评价来定义自己。

• 拒绝他人的方式

想要维持自己的边界感，就要懂得有技巧地拒绝他人那些让自己很不舒服的请求或建议。

你可能会担心拒绝别人会让对方不高兴。拒绝他人确实可能会让对方不高兴，但对于原则问题，不要怕别人不高兴。我们活着，不是为了让别人高兴，没必要做烂好人，更不要因为害怕拒绝去勉强答应对方。有的时候，拒绝不一定是坏事，勉强答应反而会是麻烦事。

只要我们是用得体的方式去拒绝对方，也一定会得到对方的谅解。下面，我们就来讲讲拒绝他人的具体方式。

如何拒绝他人

● 首先面露抱歉的表情，然后跟对方说抱歉(或跟对方说不好意思，比较熟的同学也可以语气轻松地说“sorry呀”)，让他再问问其他人，表示自己真的不太方便。

● 告诉对方不方便的真实原因。例如，有同学想舞弊，你可以这样跟他说：“抱歉啦，最近学校查得很严，听说发现谁作弊，直接开除呢，你最好别作弊啦，我还想和你在同一个学校上学呢！”

● 如果对方再次要求，要态度坚定地说：“能帮的事情我肯定帮，但这事我实在帮不了。”

记住，在拒绝他人的时候要保持一个原则，那就是：语气要温柔，态度要坚定。不是说一定要甩脸色或者大呼小叫才能拒绝他人，很多时候，温柔而坚定地拒绝，会收到更好的效果。

CHAPTER 6

交了男朋友就会幸福吗

第一次心动

豆豆

姐，我好像喜欢上我同桌了！

哇，是我上次见到的那个阿轩吗？感觉他好像也喜欢你呢！

爱爱

豆豆

可能吧！他平时挺喜欢和我聊天，而且还经常会发微信提醒我完成老师布置的作业。

那一定是喜欢你啦，不然不会专门发信息提醒你的。

爱爱

豆豆

这算是我第一次喜欢一个男生吧。不过，我也不知道算不算得上喜欢。就是挺喜欢和他待在一起，有的时候会很想见到他，也会想象和他恋爱……

你喜欢他什么呀？

爱爱

豆豆

我还真说不出喜欢他什么，可能是他正好契合了我脑海中对恋爱对象的设想吧！

夏夏

你这种感觉是很多人会有的经历，开始觉得自己喜欢上了一个人，最后却发现，自己只不过是把对方想象成了自己喜欢的样子。

豆豆

哦，我明白了。对了，夏夏，喜欢和爱有什么差别呢？

夏夏

关于这个“深奥”的问题，咱们进入“夏夏小讲堂”好好地聊聊吧！

喜欢和爱的区别

对于这个问题，每个人的答案都不一样。

有的人觉得两者没有区别；有的人觉得喜欢是激情，爱是矢志不渝的喜欢；有的人觉得喜欢是欣赏，爱是男女之情……

每个人对于喜欢和爱的定义不同，答案自然不同。

在我看来，喜欢是一个更轻松的词，我们可以比较随意地向朋友、家人、偶像等表示喜欢对方，也可以比较随意地向恋人表达自己的喜欢之情。而爱是一个更加慎重的词，我们只有在很深厚的感情基础下，才会向另外一个人说出“我爱你”。这意味着我们将对方视为生命中非常重要的人，并将对方考虑进自己的未来生活里。爱是一种人与人之间更为亲密的羁绊。

当然，这是我的看法，大家可以说说自己对爱的理解。

• 爱是什么

关于爱这件事，从古到今，有很多诗词描绘它，比如，“曾经沧海难为水，除却巫山不是云”“身无彩凤双飞翼，心有灵犀一点通”“一日不见兮，思之如狂”……

这些诗词里描述的爱，往往具备三个特点：坚定不移地厮守终生、至交好友般亲密无间、纯粹而热烈的激情似火。

美国心理学家斯滕伯格提出过一个理论，叫作“爱情三角论”。他认为由激情、亲密、承诺三个要素可以组成七种不同的爱情。激情是着迷，是兴奋，是心动，是发自内心的原始渴望；亲密类似于友情，有着相互的欣赏、真诚以待、认可、共鸣、信任、尊重、理解、支持、包容、懂得分享、重视彼此、非常享受和对方的相处、希望对方可以感到幸福与快乐等；承诺是内心的矢志不渝，与情侣进行身份的确定，或以婚姻等外在形式的结合。

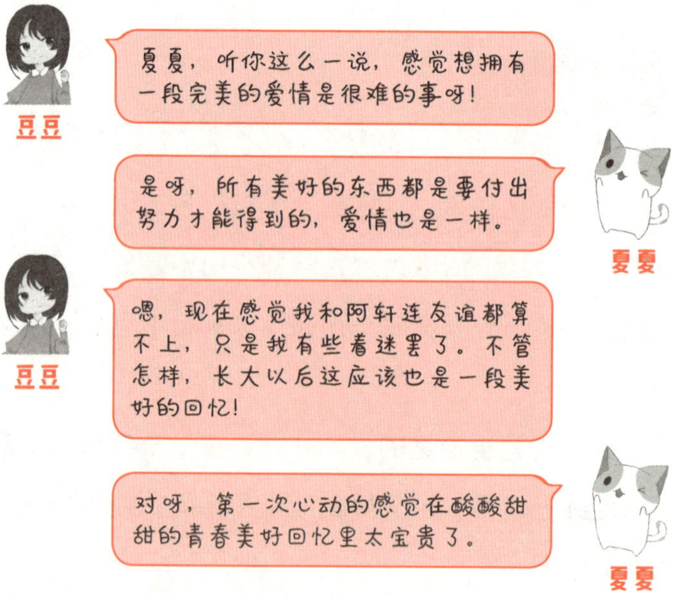

男生喜欢什么样的女生

爱爱：你们说男生喜欢什么样的女孩子呀？

豆豆：这个问题姐姐你还需要问吗？就是像你这样，琴、棋、书、画样样精通的梦中女神呀！

夏夏：爱爱，你为什么突然问这个问题呢，莫非……

豆豆：莫非什么？！

夏夏：莫非爱爱有喜欢的人了？

爱爱：我这是未雨绸缪啦！豆豆，你不好奇自己是否有吸引异性的魅力吗？

豆豆：好像有那么一点点好奇哦！

夏夏：既然你们都这么感兴趣，我就和你们讲讲男生喜欢什么样的女孩子吧！

有些女孩子会误以为男生喜欢文静的女生，或者开朗的女生，于是就想扮作另外一个与自己性格不同的人。其实，真正有魅力的女生，具有很多优秀品质，并且与他人相处的时候会让对方感到愉快。

拥有“通用品质”的女生更有魅力

优秀品质会让一个人魅力无限，会得到大家的欣赏，无论是男生还是女生，都是如此。比如，真诚、友善、上进、认真、负责、高情商、尊重他人、帮助弱小等。

✳ 真诚：真诚地面对自己和他人，不会处心积虑地算计他人。

✳ 友善：如果只对自己喜欢的男生友善热情，对他人却尖酸刻薄，男生就会觉得你是个善于表演、虚伪刻薄的人。

✳ 上进：对于男生来说，一个无所事事的女生和一个有上进心的女生相比，后者才更有魅力。男生喜欢女生认真学习、认真工作时的样子。

✳ 负责：负责意味着有担当，尤其是在面对自己的选择、自己造成的错误、自己生活中的困境的时候。一个女生如果遇事就只想着逃避或者甩锅，那会很让人小瞧的。

✳ 高情商：情商包括对自我情绪的了解，对他人情绪的了解，对自己情绪的控制，对他人情绪的帮助。比如，当遭遇他人拒绝时，我们能知道自己内心愤怒的原因是什么，而不是一味愤怒，甚至迁怒他人，能够用适合自己的方式去调节愤怒的情绪，不让我们的情绪伤害到自己与他人。

✳ 尊重他人：不懂得尊重他人就不会懂得什么

是爱。我们喜欢一个人，首先就要懂得尊重对方。尊重他人的选择与意愿，尊重他人的人格都是很重要的。

帮助弱小：当面对比自己强大的人时，还能挺身而出去保护他人不受到伤害，这就是真正的勇敢。当然，我们也不必要求自己事事都勇敢。但我们可以做到，在安全范围内给予他人力所能及的帮助，不丢弃自己的怜悯之心。

有阅历：对世界充满热情、有探索欲的人是非常有趣的，这种有趣会感染他人，让人对其产生好感。

• 男生不会只看重外表

虽说不同的男生会喜欢不同类型的女生，我们也不需要让所有男生都喜欢自己，但很多时候那些具有大众魅力的人的确更容易收获爱情。

有这样一句话，“能得到爱情的人，一定是不缺爱的人”，原因在于，如果我们只能吸引一个男生，那这个男生恰巧我们也喜欢的概率很低。但如果很多男生对我们有好感，那我们喜欢的男生也在其中的概率就比较高了。

另外，要分清楚，可以得到很多人喜欢的人不是“海王”，只是他们身上有大部分人会喜欢的魅力。“海王”是通过伪装一些美好的品质吸引女生，例如，会伪装得很真诚，其实根本就不真诚，总吃着碗里的看着锅里的，跟多个女生建立恋爱关系，打着恋爱的旗号和对方交往，实际另有其他目的等。

所以，不要把吸引力低自诩为深情专一，也不要把欺骗男生的感情自诩为有魅力。

讲到这里，或许你还会问，女生长得漂亮是否才是恋爱中最有利的条件？

不错，男生当然会被外表漂亮的女生所吸引。但第一眼被吸引，不代表长期相处会喜欢上对方。仅凭以色事他人，能得几时好呢？

• 个人特色

拥有通用品质，不代表就不能有个人特色。我们如果拥有通用的美好品质，再加上个人的特色，那就会更有魅力了！

那什么是个人特色呢？个人特色是指你是否擅长运动、性子是活泼还是沉稳、是否喜欢做家务、喜欢什么类型的书与电影等。

比如，你很喜欢画画，那喜欢画画的男生就更容易欣赏你；你很喜欢篮球，那么同样喜欢篮球的男生就会觉得和你很有共同语言。

这些都不需要刻意而为之。在个人特色方面，其实也是一种逆向筛选，筛选出可以接受我们的人。如果隐藏或假装具有某些个人特色，时间久了，你会觉得自己装得太累了。

豆豆

对！之前也有朋友和我说，如果我能文静一些，会有好多男生喜欢我，当时我就想，如果让我假装文静，我宁可不要这份“喜欢”。

爱爱

我反而觉得很多男生会喜欢你这样开朗的女生呢。

夏夏

像你们这样又善良又优秀的女生，无论活泼还是文静，都会有很多人喜欢！

特别的爱给特别的你

豆豆

姐，我听说咱们学校有个女生怀孕了……

爱爱

啊？怎么回事啊？

豆豆

她在学校外面认识了一个男生，那个男生知道她怀孕后就失踪了。然后她自己偷偷去小诊所打胎，结果出了事故，诊所赶紧通知她的家人把她送进了大医院。幸亏抢救及时，才没发生生命危险。她家人后来找到那个男生的家人让他们赔偿，但男生的家人非说不关男生的事。

爱爱

啊！那个男生的家人怎么这么说话呢？这也太过分了！

豆豆

第一次交的男朋友竟然这么差劲，怕是她也没想到的。

爱爱

是呀，本来这段感情应该成为美好的回忆，可不但变成了痛苦的回忆，还给自己身体造成了那么大的伤害。真正爱一个人，是不应该让她受到这样的伤害的。

夏夏

是啊，就算那个男生说要负责，这个女生也应该拒绝他。婚前性行为是学生必须避免的，而且会给女生的身心带来无法挽回的伤害。

豆豆

夏夏，你说男生怎么这么坏呢！

夏夏

不要因为少数人的行为定义一个群体哟！不是男生都很坏，而是性行为的发生要在合适的时机，并且应该是和真正爱自己的人！

豆豆

那个男生不爱她，对吗？

夏夏

当然了，如果真正爱一个人是不会去伤害她的。

爱爱

原来是这样。夏夏，关于这件事，你再多和我们分享一些吧！

夏夏

好的，欢迎来到今天的“夏夏小讲堂”！

• 特别的爱给特别的你

性并不是什么难以启齿的事情，而是一件充满“爱”的事情。当两个相爱的人坠入爱河，灵魂与肉体的契合让他们成为世界上最亲近的人。

对于这样一件美好的事情，我们要选择一个更加适合的时间和一个彼此相爱的人，这样才足够特别。

我们不要因为对“性”好奇而急于尝试，就像不要因为好奇恋爱的感受而去恋爱一样，这样的恋爱不会让你尝到真正恋爱的滋味。要知道，美好的事情是值得等待的。当我们的身体还没有为这件事做好准备时，不妨先让两颗小鹿乱撞的心相互靠近，毕竟青葱岁月里的校园恋爱是最轻盈、最纯粹的，就像清晨的阳光照进梦里一样。就算长大成年后，遇到了自己喜欢的人也不必操之过急，一个人是否值得你信任，是否值得你去爱，是需要时间来观察的。

希望每个女孩子都可以遇到那个对你来说“很特别”的人，他可以尊重你、理解你、支持你，这样的人才是值得我们去爱的。

• 如何避免被不值得的人浪费人生

我们谁都无法预料我们会遇上什么样的人。也就是说，在我们遇到的人中，美好的与不美好的总是并存。我们不必对还未接触过的人进行恶意揣测，但通过接触后，对方明确做出一些不恰当的行为时，我们就应明白，这样的人是需要保持距离的。

1.以爱的名义伤害你的利益的人

比如，前面刚刚提到的那个女生的故事；再比如，在恋爱中经常以各种理由向你索取财物的人，这些人无论在身体上还是物质上让你受到了伤害，都是不值得交往的人。

2.不懂得尊重你的人

在交往的过程中，对方不懂得尊重你的意见，总是说一些贬低你的话，不尊重你的朋友和家人等。

3.阻碍你成长的人

对方嫉妒你比他优秀，总给你带来负面影响，不支持你努力学习或工作。

4.限制你交朋友的人

如果一个人限制你交友，或者诋毁你的朋友、家人，那你就要小心了。当他的行为让你觉得所有人都是错的，只有他对的时候，你就会只接收他传递给你的信息，并很容易被他操控。我们应该远离这种控制欲强的人，同时应该明白，一个爱你的人应该给你自由和支持，而不是掌控你。

5.情绪极端并难以自控的人

如果一个人总是因为一点小事就大发雷霆，和你闹得不可开交，或者拳脚相向，那你就要小心了。即便他事后痛哭流涕也不代表他能改变这种行为，这可能只是他为了留住你的一种手段。尤其是对于有暴力行为的人，事后他告诉你如果当时你听话一些，他就不会打你了，你为什么要逼他动手之类的话，更要提高警惕，千万不要因此就觉得对方打你似乎有些道理，这是他在给你洗脑，是为了让你听从他的摆布而已。

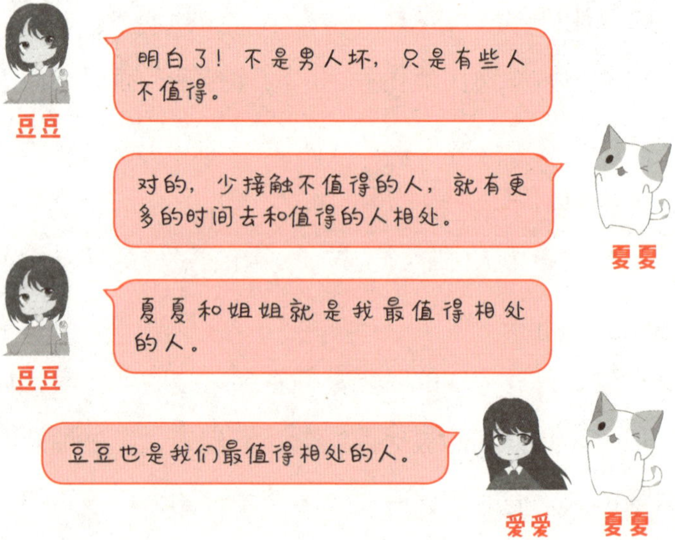

他没有那么喜欢我

夏夏，如果你喜欢一个男生，但这个男生没有那么喜欢你，该怎么办呢？

爱爱

你为什么觉得他没那么喜欢你呢？

夏夏

平时我没怎么和他说过话，前几天我约他周末一起去图书馆学习，他没有答应。

爱爱

豆豆

没怎么说过话？那你是因为什么喜欢他呀？

他做事情特别认真，人也很善良，那次我演讲失败了，班里有个同学开我玩笑，虽然我和他平时没什么交集，他却站出来为我说话，让那个同学以后不要开这种伤害别人的玩笑。

爱爱

豆豆

哇，他为人很正直呢。

爱爱

唉，可惜他不喜欢我……

夏夏

抱抱我的小爱爱！按照你的描述，我觉得即便你继续约他，他也不一定会赴约，不如换个思路，可能对你们两个人都好。

爱爱

什么思路？夏夏你快说说！

夏夏

好嘞，那咱们今天就聊聊，你喜欢的人不喜欢你该怎么办？

感受不同步

这世界上有很多无奈的事情，其中一种就是我们对别人动了心，别人不一定对我们动心。事实上，并不是说你有多喜欢对方，对方就应该被你打动。

有些人会质问自己喜欢的人："我那么喜欢你，你为什么不喜欢我？"这本就是一种特别无理的要求。别人为什么要因为你很喜欢他而喜欢你呢？

我们要明白，喜欢这件事，是个人的自我感受，我们不能去强求对方和我们的感受同步。尊重这种感受不同步，才能让你和对方相处的时候不给对方造成不适和困扰。相反，如果不尊重这种不同步，让对方产生不舒服的感觉后，他会更加排斥和你相处。

感受不同步该怎么办

当我们感受不同步的时候，我们就要去衡量一下这件事情，是因为你们不熟悉，还是因为他的确出于某些原因不喜欢你。

如果因为彼此不熟悉，你可以创造一些机会让彼此从陌生到熟悉，以此让你们之间的感受逐渐同步。如果对方出于某些原因不喜欢你，比如，你不是他喜欢的类型，遇到这种情况，我们无须强求，也无须为了让别人喜欢你而改变自己。

还有另一种情况，就是对方不喜欢你的地方，是你客观存在的不足之处，比如，他喜欢沟通能力强的人，而你在这方面确实有些欠缺。这时我们可以把喜欢一个人变成改变自己的动力，让自己成长为更优秀的人。

不过，我们要明白，这些改变不是为了对方，而是为了自己，无论是否能够得偿所愿，重要的是我们在这个过程中变得更加优秀了。做真实的自己，要相信喜欢你、欣赏你的人一定会出现。

另外，也千万不要把这种成长当作打动对方的理由，去对方面前列举自己为他都做了什么改变。因为，爱不是怜悯，也不是同情，更不是感动，而是两个灵魂的共鸣。

爱不是占有

当我们喜欢上一个人时，如果能在一起很好，如果不能在一起，也要尊重对方的选择，因为爱不是占有。

有些人会在对方拒绝了自己的爱意后去报复对方或者“粉转黑”（网络流行语，通常指由“粉丝”转为“黑粉”），这样的爱，是极其廉价的爱，他们眼中所谓的爱只是占有，而当自己的占有欲无法满足的时候就恼羞成怒了。

当我们爱上一个人的时候，必然会希望对方和自己有一样的感受，希望两个人终成眷属。我们也会产生一定的占有欲，希望对方能多和自己相处，心里满满地装着自己。

但爱并不是占有，爱会让我们克制自己的欲望，帮助我们去尊重对方，让对方感受到快乐和幸福。即便对方的幸福不是来自你，也是值得祝福的。这也是前面为什么说，哪怕我们很喜欢对方，但在彼此感受不同步的情况下，也不要一味地去表达爱意，因为这不仅不会让对方感到快乐与尊重，还会给对方带来困扰。

明白了。的确，在我们还不怎么熟悉的情况下，我就突然约他一起去图书馆是有些唐突。其实我可能也只是对他有好感而已，这也许并不是真正的爱情。

爱爱

你这个年龄段对自己的感受不确定是很正常的。再说，这种懵懵懂懂的喜欢多美好呀！

夏夏

失恋是会呼吸的痛

爱爱

豆豆，你眼睛怎么肿了？

豆豆

我刚看了本小说，结局女主角和男主角分开了。唉，光看别人分手我都受不了，如果以后我失恋了可怎么办……

夏夏

你呀，如果失恋了八成是要找我和爱爱哭诉，那我们到时候就给你递纸巾、擦眼泪。

豆豆

想一想有人陪着的话，感觉应该没有那么难受了。对了，夏夏，你说两个相互喜欢的人为什么最后却要分开呢？

夏夏

分手的原因有很多，比如，两个人经常因为一些小事产生矛盾，但却不知道怎么解决，时间久了，两个人心里都会产生芥蒂，逐渐就会影响到感情。小说和电视剧里都是这样的。

豆豆

那就因为一件小事而分手吗？

夏夏

当然不只因为一件小事。分手往往是因为一件小事产生了矛盾，两个人心里的怨气还没有消散，下一个矛盾就又出现了，像这样的矛盾不断出现，两个人的感情就会产生很多裂痕，最后这些裂痕会因为某个导火索让两个人的感情彻底崩塌。

爱爱

原来如此。看来吵架之后及时解决矛盾才能避免分手呀！

豆豆

夏夏，还有什么原因会导致分手吗？

夏夏

分手的原因太多啦，再比如，两个人在感情中的投入是失衡状态，一方比较投入，而另一方并不是那么喜欢对方，时间久了，也会分手。还有，两个人距离远、生活目标不一致，都可能导致分手。

豆豆

原来如此！那如果失恋了，我们怎样才能不痛苦呢？或者尽快忘记对方呢？

夏夏

哈哈，只要是人类，就不可能像按开关一样，瞬间关掉痛苦，至于忘记对方呢，也不可能瞬间失忆，越强求自己忘掉对方反而越忘不掉。

豆豆

那我们该怎么做呢？

夏夏

一起进入小讲堂听我来详细地讲讲吧！

分手后的五个阶段

想要缓解失恋的痛苦，首先我们要了解失恋后的几个阶段，当我们了解了自己的情绪会如何演变，痛苦感就会有所缓解，也可以更好地调整情绪。

第一阶段：否认

当你拿起手机，又像往常一样，想和对方说上几句话，突然间惊醒过来——对方已经提出了分手。

你会难以相信怎么会发生这一切，会希望时间倒退，希望什么都没有发生。

这时候，你还没有接受甚至没有意识到失去。

第二阶段：愤怒

愤怒常常来源于自己的无能为力。

当你无法阻止对方的离开，渐渐怒火中烧，觉得自己非常委屈，生气对方为什么要这么伤害自己。

第三阶段：讨价还价

你会试图说服对方不应该和自己分开，希望对方能够收回他的想法。

但往往这种说服是无效的，只会让自己更加痛苦。

第四阶段：消沉

这时你面对对方，面对这段感情，会有一种无能为力的感觉。

如果不懂得调节自己的情绪，就会变得沮丧而消沉。

虽然失恋后产生这样的情绪无可厚非，但如果这种消极的情绪已经影响到你的生活与学习，那么你就需要有意识地提醒自己，不能沉沦在这种消极状态当中。要告诉自己，未来还有很长的路要走，不能因此就颓废下去。

第五阶段：接受

你会渐渐地意识到对方的确离开你了，也意识到了他并不是为了故意伤害你才离开的。想明白之后，你的内心就会变得平静而释然。

通过这五个阶段，我们可以知道，我们无须害怕失恋后的痛苦，我们面对的并不是绝境。因为内心的痛苦不会永久持续下去，时间是一剂良药，它可以让一切都重归平静。

• 失恋后缓解痛苦的小技巧

既然失恋产生的痛苦来源于我们自己的情绪，想要缓解失恋带来的痛苦，最好的做法就是发挥自我能动性，去做一些改善情绪的事情！

1.找朋友、家人倾诉

向朋友、家人倾诉，他们的安慰会让我们感受到被爱，让我们明白，即便失恋了也不会孤零零的，这会让我们的心情有所好转。

很多人在恋爱的时候，会因为恋爱带来的幸福感而忽略身边的朋友，这会让朋友之间产生距离感，当有一天需要朋友的时候却发现朋友已经远离了自己。所以千万不要因为恋爱就忘记友谊的重要性！如果在失恋后没有朋友的陪伴，满心的悲怨无人诉说是很痛苦的。而且失恋后如果有朋友的陪伴，即便没有太多的话语，也会让你觉得不孤单。

2.去开阔的地方释放情绪

如果失恋后把自己关在房间里，就会无形中让我们的注意力集中在失恋这件事情上。但如果能够去一些开阔的地方，比如和朋友或者家人一起去爬山、去游乐场、去旅行，就可以分散我们的注意力，我们的痛苦感就会缓解不少。开阔的地方会让人心情舒畅，再加上朋友、家人的陪伴，一定会让我们忘记失恋的痛苦。

3.去运动吧

运动会让我们的大脑分泌多巴胺，让心情变得愉快，无论是跳舞、跑步还是有氧操，选一项你喜欢的运动吧！

另外，刚刚我们提到的去开阔的地方，在户外晒太阳也会提高多巴胺的敏感性，只需5～10分钟的日晒就可以对我们有所帮助。

豆豆

突然不那么害怕失恋了，感觉哪怕当时痛苦，过后也可以成为一个值得回忆的故事呢！

爱爱

是呀，如果以后你失恋了，记得你的身边还有我、夏夏、爸爸、妈妈，你永远不会孤独的！

豆豆

对！有那么多爱我的人，我才不怕呢！

CHAPTER 7

两个“星球”的对话

老爸老妈不懂我

豆豆：夏夏，你说人与人之间是不是认识的时间越长，就越了解对方呢？

夏夏：是这个道理。

豆豆：但为什么我觉得爸爸妈妈越来越不懂我了呢？他们根本都不知道我想要什么，我喜欢什么。

夏夏：哈哈，那你有想过一个问题吗？现在的你，每天想法可能都不一样呢！

豆豆：好像真有这么回事，比如，有的时候我觉得爸爸妈妈太爱管我的事情，有的时候我又会觉得他们对我的事情不管不顾。

夏夏

之前父母容易读懂你们，是因为你们很小。当你们进入青春期后，会对很多问题产生困惑，这种对事物产生困惑的态度，证明你们对于问题开始有了思考，是一种成熟的表现。但因为青春期面临的变化实在不少，太多问题扑面而来，大部分问题你们自己都还没有找到答案，很多问题你们都还在探索阶段，那么这种不确定性就会表现得更加强烈。

豆豆

也就是说，我们因为成熟而变得复杂，因为青春期而变得多变，所以他们才不懂我们了？

夏夏

总结得很到位。这个时候，你们自己都很难懂自己，他们想读懂你们就更不容易了。

豆豆

那当我想让他们尊重我的有些想法时，我该怎么做呢？

夏夏

关于这个问题，我们一起进入“夏夏小讲堂”来听听吧！

谁都无法完全读懂他人的心思

在这个世界上，无论是父母、朋友，还是未来的伴侣，没有人能够完全读懂对方的心思。就像我们经常会疑惑为什么父母不懂我们，其实我们又何尝了解父母呢？

在这个世界上没有百分之百懂孩子的父母，他们和我们的人生经历不同，想法必然有所不同，我们可以从他们的人生经验里获取帮助，但不必要求他们和我们的想法完全一致。

当我们觉得对方不懂自己的时候，不该一味地责怪对方为什么不懂自己，而是应该尝试着让对方能够去了解自己想要的是什么。

或许你会说，我告诉他们了呀！很多时候，我们会在交流上存在一个误区，以为“告诉”就是用非常生气的态度让对方意识到“我不高兴，你怎么能这么对我”，而并没有告诉父母，或者自己根本都没想明白，想要让他们做什么。

想让他人懂自己的唯一方式，就是在适当的时机去让他们了解自己的想法，告诉他们你需要被尊重，以及你的真正需求。如果你的想法产生了变化，也要及时地告诉他们，免得出现误解，同时还要说出产生变化的原因，以得到他们的理解和支持。

• 尊重是相互的

尊重是相互的，所以想要取得他人的尊重就要懂得尊重他人。

在与父母交流的时候，我们应该让父母感受到我们是尊重他们的。比如，我们希望在和父母谈话的时候不被打断，那就不要在父母和我们说话的时候打断他们，即便生气的时候，也要做到认真地看着他们，让他们明白，我们在倾听；也可以友善地通过重复他们想要表达的话，来让他们明白我们在认真听，以及确定我们没有理解错他们的意思。

另外，我们应明白，不同的个体间想法必然是不同的，即便是我们的父母，也是如此。我们无法强迫他们和我们的想法一样，我们能做的就是，在尊重彼此的基础上，尝试着让他们更了解我们的想法，并在不同的想法之间寻找一个彼此都能接受的平衡点。

豆豆

我明白了。我的确太急于让父母懂我的每个想法了，当他们表现出不理解的时候，我就会很失望，一失望吧，我就觉得自己特别委屈。

夏夏

每个孩子都希望父母特别懂自己，但在青春期，我们的想法实在太多变了，如果希望家人随时跟上我们变幻莫测的节奏，那也太为难他们了。

豆豆

对，与其这样，还不如自己多思考思考，或许同一个问题，过两天我的想法又不一样了呢！

我想和你好好聊聊

豆豆：夏夏，之前你和我说，要和父母讲清楚自己的想法，他们才能够更懂我们，可我说了很多次，他们还是很不理解，我该怎么办呢？

夏夏：你是怎么和他们说的呢？

豆豆：我和他们说别总管我在朋友圈发什么，真的很烦人！

夏夏：哈哈，那难怪没有用呢！

豆豆：啊？为什么呢？

夏夏：因为表达自己的想法也需要技巧，这样才更容易被别人理解和接受。

豆豆：啊？还需要技巧吗？交流的时候简单、直接不是很好吗？

夏夏：

我给你举个例子，假如妈妈用直白的方式跟你说：“你怎么每天把衣服丢得到处都是，这么大了还这么邋遢！”假如妈妈比较有技巧地跟你说：“宝贝儿，我看到沙发上有很多你的衣服，我很不开心，你可以把脱掉的衣服挂回衣柜吗？”这两种方式你喜欢哪种？

豆豆：

第二种吧，第一种估计我们分分钟就吵起来了。

夏夏：

所以呀，当我们想向父母或者其他人表达自己的想法时，也要用有技巧的表达方式。

豆豆：

那怎样才能有技巧地去表达呢？

夏夏：

这个嘛，我们就进入今天的“夏夏小讲堂”来详细聊聊吧！

• 非暴力沟通法

如果想让父母尊重、理解我们，良好的沟通方式不可或缺。

我们在和他人沟通时，尤其是想法不一致时，会条件反射地说出让对方伤心、愤怒的话。我们既没有清晰、真实地表达自己，更没有尊重与倾听他人。

人类在听到批评时，下意识地就会申辩、退缩或者反击，这会让我们的交流变得无效。然而，当我们尝试着专注于观察、了解对方的感受以及需求，而不是急于指责或反驳他人时，我们便能更好地说出自己的需求。

下面我们来讲讲具体的沟通方式：

✳ 在沟通前先思考清楚，通过这次沟通你想达到什么目的。然后思考一下抱怨、指责、大吵大闹的行为能否达到你想要的目的，这种情绪发泄会不会伤害到父母。

✳ 尽量客观描述让你生气的事情。例如，可以这样说：“妈妈，我看到您在家族群里说我的缺点了，我不开心。”而不是说：“妈妈，您怎么总在家族群里说我啊！”

✳ 描述出你的感受，如“我不高兴”“我很难过”“我很害怕”等。

✳ 说出感受背后的需求，例如，可以直接告诉父母：“因为我不想被家人认为是很糟糕的孩子。”

✳ 讲出你的具体请求，例如，可以这样说：“以后不要在家族群里说我的缺点，可以吗？”

用正确的方式去交流

或许你会说，为什么他们不好好跟我说话，却要求我好好跟他们说话呢？

有时候，我们可能要接受一个现实，那就是父母比我们“笨”。这个“笨”不是他们的智商比我们低，而是说他们不太懂正确的交流方式，需要我们来教他们。还有可能是他们的父母从来没教过他们如何正确地交流，也没教过他们如何表达自己的感受。

所以，当你学习了前面的内容，懂得什么是正确的交流方式，而他们还不懂时，你就应该去引导他们学会正确表达，并且为他们树立榜样。

比如，豆豆的父母让豆豆删掉微信朋友圈里发布的一些文字，他们用的是命令的口气，这显然不是豆豆愿意接受的。那豆豆应该怎么做呢？

豆豆可以引导父母换一种交流方式，比如，她可以告诉父母：“你们直接命令我删掉我发的朋友圈内容，会让我觉得不被尊重，你们可以和我讲讲为什么希望我不要发那些文字吗？”

如果他们说的原因并不能和你的想法达成一致，

也不要急于说“你们根本不懂”“你这样的想法真的很好笑……”之类的话，而是需要向他们解释一下他们无法理解的那些事情。

5招教你化解与父母的矛盾

- 找到矛盾，比如，你们发生争吵是因为打游戏的时间太长。
- 列出你们的需求，比如，你的需求是希望父母不要管你玩游戏，父母的需求是不要因为打游戏影响到学业与健康。
- 在不影响你们彼此需求的层面寻找解决办法，比如，和父母协商玩游戏的时间，凡是在协商好的时间里玩游戏，父母不能去打扰你；提升成绩，经常锻炼身体，避免他们担心游戏影响你的学业和健康。
- 寻求虽影响彼此需求但都能接受的解决办法，比如，在考上大学之前不再玩游戏，考上后给你一个暑假自由自在玩游戏的时间。
- 用非暴力的方式与对方沟通。

女生的问题

如果我学会了正确的方式跟父母交流，但他们依然采用指责、否定的方式，那该怎么办呢？

如果我们改变了沟通方式，父母一定会在这种良性循环中改变他们的沟通方式。不过，不要急于让他们改变，要多一些耐心。换位思考一下，即便我们今天学会用正确的方式交流，之后还是可能一着急就开始埋怨他们呢。不妨尝试着提醒自己，也提醒他们，和他们共同调整沟通方式。

我不想爸爸妈妈离婚

豆豆

我同桌的爸爸妈妈突然对他说，他们要离婚了，并且当天他爸爸就搬走了。他无法接受这个事实，最近总是提不起精神来，我不知道怎样才能帮到他。

爱爱

之前他没有发现自己的爸爸妈妈有离婚的迹象吗？

豆豆

没有，他虽然察觉爸爸妈妈平时不怎么说话，但他们从来没和他提过这件事情，所以他根本没往离婚的方面想。

夏夏

虽然说父母的事情的确不该让孩子卷进去，但离婚不是件小事，他们至少应该提前一段时间告诉孩子，让孩子内心有一个逐渐适应的过程。这样突然告诉他，对他的内心冲击太大了。

豆豆

夏夏，你说父母都已经在一起那么久了，还有了孩子，他们为什么还要离婚呢？难道他们根本不爱对方，不爱自己的孩子吗？

夏夏

父母决定离婚并不是不爱自己的孩子，他们并不会因为离婚就抛弃自己的孩子。很多时候，父母离婚反而是希望给孩子一个更幸福的家庭，一个更好的成长环境。至于他们为什么离婚，原因有很多。总的来说，就是他们曾经很爱对方，但现在对他们来说，分开是对彼此、对孩子更好的选择。

豆豆

也就是说，现在的分开并不意味着曾经的爱就不存在了？

夏夏

对的哦！

豆豆

那如果父母离婚，孩子应该怎么办呢？

夏夏

爱爱，关于这个问题你怎么想呢？

爱爱

我的想法嘛，就在“爱爱小讲堂”和你们分享吧！

尊重父母的选择

父母之间的感情原本就应该由他们自己来决定，虽然我们希望他们可以永远幸福地生活在一起，但分手是解决他们矛盾的最好方案。

在这个世界上，生活方式有很多种，没有哪种方式是唯一的答案。我们只不过是要体验一种和其他孩子不一样的生活方式。

虽然说父母选择了分开，但他们依然是爱我们的，我们也依然要尊重和爱他们。唯一改变的是这两个爱我们的人不在一起生活了。

这种生活方式或许一开始会让我们有些不适应，但并不影响我们经营幸福的生活。

既然不必执着于哪种生活方式才能给我们带来幸福，那么也就没必要执着地让父母按照某种方式生活。尊重他们的选择，或许能让他们更早一些找到内心的幸福感，也能让我们的生活更幸福。

• 提前了解未来的安排

当我们知道了父母要分开的消息，我们的内心不可避免地会产生强烈的不安。这时可以去向父母了解，他们分开后的打算以及如何安排我们的生活，这样会降低我们的不安。

也许我们会发现，他们离婚并不是没有考虑我们，而是对于我们以后的生活早就有了安排，对我们未来的生活非常在乎。

如果他们的意见暂时不一致，我们也无须着急。

对他们来说，离婚后的生活也是从未经历过的，所以难免会有意见不同的情况。对他们来说，我们的未来是重中之重，他们需要更多考量才能做出决定。

无论我们最后跟谁一起生活，这一定是他们再三衡量后最好的安排，那个没有和我们一起生活的家人，也不是要离开我们了，而是在距离我们远一些的地方爱着我们。

当然，如果我们明确想要跟着某一方生活，也可以和爸爸妈妈商量，并告诉他们这样选择的原因。如果觉得选择的原因会伤害到另外一方，那就尽量给出一些不会让家人感到难过的理由。

• 继续我们自己的生活

面对父母离婚，我们难免会感到难过。但不要因此就放弃自己的喜好、社交、学业。如果因为难过而放弃这些，我们的心情会更加不好。

父母的分开也许会让我们的生活环境和学习环境有所改变，但我们的生活依旧要继续，尽量不要让家庭变故影响到我们的生活。

另外，如果面临移居异地，不必担心会失去老朋友，只要是真正的朋友，距离并不会让我们疏远。相反，我们还多了认识新朋友的机会呢。况且，无论去哪里，都有爱我们的家人在身边。

即便父母的分开会对我们的生活造成一些影响，但我们已经是青春期少年了，应该有能力去面对和解决，只是在处理的时候没那么容易而已。相信自己，我们一定可以的！

豆豆

我已经知道该怎么帮助我的同学了。我会告诉他，我们现在已经不是需要父母照顾的小宝宝了，而且很快就到可以独立的年龄了，他们想要选择什么样的生活就随他们吧！无论怎么样，他们依然是我们的父母，我们也依然是他们心爱的孩子。

爱爱

有的时候，学会放手才是爱，我们每个人都很爱自己的爸爸妈妈，所以哪怕我们心中不情愿他们分开，但还是要尊重他们的选择，愿他们都可以得到自己想要的生活！

豆豆

当然，我还是希望所有的父母都不要分开，希望大家都能和家人幸福地在一起，永远不分开！

你们为何“偏爱”妹妹

豆豆：我今天听一个朋友说，自从她有了小妹妹后，她的爸爸妈妈就只爱妹妹而不爱她了。

爱爱：啊？她爸爸妈妈怎么会不爱她了呢？

豆豆：她说自从前几年妹妹出生后，她的爸爸妈妈每天都围着她的妹妹转，以前自己说什么，父母都很感兴趣，现在却总是敷衍了事。而且有的时候对妹妹很有耐心，却爱对她发脾气。她感觉爸爸妈妈把所有的爱都给了妹妹，再不像以前那样爱自己了。

夏夏：你知道为什么会这样吗？

豆豆：不知道。因为她爸爸妈妈觉得她妹妹更好，所以更喜欢她妹妹，不喜欢她了吗？

夏夏

当然不是啦！那是因为人类对于孩子所需要付出的心血，是自然界中其他动物无法比拟的。当孩子越小的时候，父母需要付出的越多。我们都知道，越小的孩子越不会照顾自己，越需要父母付出更多精力去照顾他。而我们已经长大了，渐渐能够独立照顾好自己，所以爸爸妈妈的精力自然会放在弟弟妹妹身上多一些。所以，不要去介意父母为弟弟妹妹的付出，在我们年幼时，他们也曾经为我们付出了很多。或许记忆已经淡忘，但他们的爱不该被我们淡忘。

豆豆

我明白了。但是我觉得，有些时候就算明白这个道理了，还是会嫉妒、会吃醋。

夏夏

那是自然的，无论是有一点小小的嫉妒，还是不开心，这些情绪都是正常的，关键是如何处理我们的情绪！

感受嫉妒

无论是现在，还是未来，总会有让我们嫉妒的人。嫉妒是每个人都有过的心理感受，是一种再正常不过的情绪而已。

只是不同的人处理“嫉妒”这种情绪的方式是不一样的。有的人会沉迷于“相互比较”当中无法自拔，有的人会被嫉妒操控而伤害他人，有的人因为嫉妒而明白自己想要成为什么样的人，有的人通过嫉妒去反思自己已经拥有的。

当我们选择用仇视、伤害的方式对待自己嫉妒的人时，往往意味着我们被嫉妒这种情绪操控了，这个时候我们要有意识地提醒自己，我们的嫉妒因何而来，是因为觉得别人拥有了自己没有拥有的，还是他们身上有让我们羡慕，而自己却还没有的优点呢？

如果是嫉妒弟弟妹妹霸占了父母的爱，其实往往是我们没有看到父母对我们的爱。大多数时候，只是因为弟弟妹妹更需要照顾，他们的精力才有所分散，但他们心中的爱却是平等的，你和弟弟妹妹都是他们最爱的人。即便真的有所差别，这个时候不被嫉妒操控的自我调节方式，是去看看自己所拥有的，而不是和弟弟妹妹做对比。当我们沉迷于相互比较的时候，总会感到缺失与不满，内心会逐渐失衡，无法看到我们拥有的。无论弟弟妹妹拥有多少，我们是不是应该为已经拥有为我们无私奉献，辛苦养育我们长大的父母而庆幸呢？

另外，如果我们嫉妒弟弟妹妹在某些方面比我们优秀，这种情况在我们未来人生中会常常遇到。一个优秀的人，能把这种对他人长处的嫉妒转化成一种动力，并通过自我努力去吸收对方的优点，让自己变得更优秀。

• 说出你的感受

虽然说我们是父母最重要的人，但很多时候，他们依然很难完全了解我们的感受。只有把自己的想法告诉他们，让他们全面地了解我们，才能让我们更好地感受到他们的爱。

比如，有的时候，你很希望爸爸妈妈别总拿你和弟弟妹妹去比较，说一些“看你妹妹多懂事”“你妹妹比你乖多了”之类的话，你就可以用我之前教你们的交流方式告诉他们：“妈妈，您刚刚说妹妹比我乖，我觉得很难过，因为这样让我觉得她在您心中比我重要，下次如果您觉得我哪里做得不好，希望我怎么做，您直接告诉我就可以了，但尽量不要拿妹妹和我做比较。”

当然，如果妈妈把我们作为“榜样”去和弟弟妹妹比较的时候，我们也要告诉爸爸妈妈这是不对的，这会让弟弟妹妹产生挫败感与嫉妒心理，可以让父母用我们之前学过的“非暴力沟通”方式来和弟弟妹妹交流。

• 爸爸妈妈缺乏经验

我们或许会发现一件奇怪的事情，就是爸爸妈妈面对弟弟妹妹的事情时往往不容易急躁，但面对我们的事情时就比较容易急躁。

原因可能有两个。一是弟弟妹妹给他们制造的麻烦，我们之前经常给他们制造，他们处理起来已经轻车熟路，很有方法了。而我们进入青春期后，很多问题是他们不了解的，也无从下手，但他们又特别想帮助我们更好地成长。然而，人们在面对自己不熟悉、不擅长又很希望有好结果的事情时就容易着急。二是他们还没做好准备迎接我们的种种变化。我们进入青春期后的飞速变化会让父母形成很强烈的心理落差，这种不适应难免会让人急躁。

青春期的问题的确太复杂了，我们往往都搞不懂自己，他们更是难以搞懂我们，所以我们在给自己时间去了解自己的时候，也要给他们时间去了解我们。

我们是第一次经历青春期，没什么经验，他们也是第一次做青春期少年的父母，同样没什么经验。很多问题我们应该给他们时间，让他们去摸索。

爱爱

豆豆，你在写什么？

豆豆

我觉得夏夏说的这些都有必要告诉我的朋友们，但我又怕忘了，所以赶紧记下来。

爱爱

豆豆，你怎么看待父母生二胎这件事呀？

豆豆

我觉得这是父母自己的选择，我们应该尊重他们的选择。就像我们之前聊过的，关系再亲密也要有边界感，对自己的人生负责，对他人的人生放手。他们的身份先是一个独立的个体，然后才是我们的父母，他们只需对他们的选择负责，做决定的只有他们自己。

爱爱

嗯！很有道理呢！

豆豆

姐，我特别庆幸有你这样的姐姐，也很庆幸遇见了夏夏。我有时候会想，如果没有你们，多少次迷茫没有人诉说，多少次难过没有人陪伴，那我会变成什么样呢？我希望我们可以一直在一起，我们的故事一直继续下去。

爱爱

曲终总会人散，故事总会结束，但无论以后我们怎样，我们对彼此的爱都不会结束。更重要的是，在故事还没有结束前，我们要好好珍惜。

豆豆

一言为定！

爱爱　夏夏

一言为定！